Oliver Schumacher

30 Minuten

Preise durchsetzen

© 2015 SAT.1 www.sat1.de Lizenz durch ProSiebenSat.1 Licensing GmbH, www.prosiebensat1licensing.com

Bibliografische Information der Deutschen Nationalbibliothek

Die Deutsche Nationalbibliothek verzeichnet diese Publikation in der Deutschen Nationalbibliografie; detaillierte bibliografische Daten sind im Internet über http://dnb.d-nb.de abrufbar.

Umschlaggestaltung: die imprimatur, Hainburg
Umschlagkonzept: Martin Zech Design, Bremen
Lektorat: Eva Gößwein, Berlin
Satz: Zerosoft, Timisoara (Rumänien)
Druck und Verarbeitung: Salzland Druck, Staßfurt

© 2015 GABAL Verlag GmbH, Offenbach

Alle Rechte vorbehalten. Nachdruck, auch auszugsweise, nur mit schriftlicher Genehmigung des Verlags.

Hinweis:
Das Buch ist sorgfältig erarbeitet worden. Dennoch erfolgen alle Angaben ohne Gewähr. Weder Autor noch Verlag können für eventuelle Nachteile oder Schäden, die aus den im Buch gemachten Hinweisen resultieren, eine Haftung übernehmen.

Printed in Germany

ISBN 978-3-86936-643-2

30 MINUTEN

Wieso haben Verkäufer häufig Probleme mit den eigenen Preisen?
Seite 10

Mit welchen Tricks manipulieren Einkäufer Verkäufer?
Seite 18

Welche Auswirkungen können zwei Prozent Preisdifferenz haben?
Seite 22

oder doch vielmehr positive Gefühle wie Sicherheit, Zuversicht und stressfreies Arbeiten?
Themen wie die Vorbereitung von Preisverhandlungen, ihre Durchführung unter Berücksichtigung psychologischer Zusammenhänge bis hin zum endgültigen Durchsetzen der Preise werden praxisorientiert behandelt. Auch werden Themen beleuchtet, die neben der eigentlichen Preisverhandlung ebenfalls oft relevant werden: Kundenergründung, Angebotsmanagement und Inkasso fälliger Rechnungen.
Bei der Umsetzung der vorgestellten Strategien und Praxisempfehlungen wünsche ich Ihnen viel Erfolg. Sollten Sie Fragen haben, so rufen Sie mich gerne an (05 91/6 10 44 16) oder senden Sie mir eine E-Mail an: info@oliver-schumacher.de. Selbstverständlich stehe ich Ihnen auch gerne für Vorträge, Verkaufstrainings und Verkaufsbegleitungen zur Verfügung.

Stets gute Verkaufserfolge wünscht Ihnen

Oliver Schumacher
Experte für Verkaufserfolge

Vorwort

Das Durchsetzen der eigenen Verkaufspreise ist eine elementare Grundfertigkeit eines jeden guten Verkäufers. Dennoch zeigt die Praxis, dass selbst Menschen, die jeden Tag Verkaufsgespräche führen, hier ein erhebliches Nachholpotenzial haben. So werden manchmal mehr Rabatte gegeben, als der Kunde tatsächlich erwartet hat. Oder es werden Preiszugeständnisse gemacht, die dann dennoch nicht zum Auftrag führen.

Ein weiteres Problem ist, dass viele Anbieter das Thema Preise aus Angst vor einem möglichen Auftragsverlust viel zu spät von sich aus ansprechen. Denn einige Verkäufer halten ihre Preise für ihren Schwachpunkt. Doch würden sie mutiger und früher den Preis souverän ins Spiel bringen, würden sie sich viele Preisdiskussionen ersparen und auch viel schneller erkennen, ob der Kunde überhaupt eine entsprechende Zahlungsbereitschaft hat. Denn nicht jeder Interessent kann und will für eine hervorragende Qualität den entsprechenden Betrag investieren. Solche Geschäftspartner gilt es schnell zu identifizieren, um die eigene wertvolle Zeit lukrativer nutzen zu können.

Dieser Ratgeber liefert Antworten auf die Fragen, warum Verkäufer häufig Schwierigkeiten mit ihren eigenen Preisen haben und was sie dagegen tun können. Den Lesern wird auch die Kundenbrille aufgesetzt: Wollen Kunden wirklich immer den billigsten Preis

Sieben Erfolgsregeln für das Durchsetzen von Preisen   **83**

Fast Reader   **87**

Der Autor   **93**

Weiterführende Literatur   **94**

Register   **96**

Inhalt

Vorwort   **6**

1. Preise – alles Emotion?   **9**
Verkäufer und ihre Probleme mit dem Preis   10
Weshalb Kunden feilschen   16
Preise als Gewinntreiber   21

2. Gesprächsvorbereitung   **29**
Preisempfinden entsteht frühzeitig   30
Kundengespräche vorbereiten   35

3. Preisgespräche   **45**
Fragen, ohne auszufragen   46
Preise präsentieren   50
Einwände entkräften und Verbindlichkeit aufbauen   56

4. Nach dem Gespräch   **67**
Wenn der Kunde (noch) nicht kauft   68
Schriftliche Angebote mit Wirkung   72
Inkasso offener Rechnungen   76

In 30 Minuten wissen Sie mehr!

Dieses Buch ist so konzipiert, dass Sie in kurzer Zeit prägnante und fundierte Informationen aufnehmen können. Mithilfe eines Leitsystems werden Sie durch das Buch geführt. Es erlaubt Ihnen, innerhalb Ihres persönlichen Zeitkontingents (von 10 bis 30 Minuten) das Wesentliche zu erfassen.

Kurze Lesezeit
In 30 Minuten können Sie das ganze Buch lesen. Wenn Sie weniger Zeit haben, lesen Sie gezielt nur die Stellen, die für Sie wichtige Informationen beinhalten.

- Alle wichtigen Informationen sind blau gedruckt.

- Schlüsselfragen mit Seitenverweisen zu Beginn eines jeden Kapitels erlauben eine schnelle Orientierung: Sie blättern direkt auf die Seite, die Ihre Wissenslücke schließt.

- *Zahlreiche Zusammenfassungen innerhalb der Kapitel erlauben das schnelle Querlesen.*

- Ein Fast Reader am Ende des Buches fasst alle wichtigen Aspekte zusammen.

- Ein Register erleichtert das Nachschlagen.

1. Preise – alles Emotion?

Zum Verkaufen gehört das Thema Preise genauso dazu wie die gegenseitige Begrüßung. Dennoch sind viele Verkäufer in der Preisverhandlung nicht sattelfest. Mit einem unguten Gefühl blicken so manche von ihnen der Preisverhandlung entgegen, wohl wissend, dass mit ihr der Abschluss stehen und fallen kann.
Auch für Kunden ist der Einkauf nicht immer einfach. Denn der Vergleich von Angeboten unterschiedlicher Anbieter ist keine leichte Aufgabe. Kunden wissen oder fürchten, dass Verkäufer im Zweifelsfall eher ihre eigenen Ziele im Auge haben und nicht die der Kunden.
Bilanzielle Auswirkungen von Ausgaben und Preisänderungen sind dramatisch, egal ob auf Einkäufer- oder Verkäuferseite. Möglicherweise richten deswegen die Beteiligten ihren Fokus schwerpunktmäßig auf den Preis statt auf die dahinterliegende Leistung.

1.1 Verkäufer und ihre Probleme mit dem Preis

Jeder Verkäufer hat schon einmal Kundenaussagen wie diese gehört:
- „Ihr Mitbewerber ist aber deutlich billiger!"
- „Am Preis müssen wir unbedingt noch was machen!"
- „Tut mir leid, ich habe woanders gekauft, Sie waren zu teuer!"

Die Folge: So manch ein Anbieter fängt irgendwann an, an seinen eigenen Preisen zu zweifeln. Einige nur hin und wieder, andere immer. Gedanken wie „Mensch, wenn ich ein wenig günstiger wäre, dann würde ich auch mehr Aufträge bekommen!" oder „Wenn diese lästigen Preisdiskussionen nicht immer wären, dann würde mir auch das Verkaufen Freude bereiten!" kommen zunehmend auf. Kurz: Etliche Verkäufer sehen in ihren eigenen Preisen ihre Achillesverse, ihren wunden Punkt.

Doch wie soll ein Verkäufer mit Überzeugung einem Kunden verdeutlichen, dass sein Preis das Selbstverständlichste der Welt ist, wenn er selbst nicht dahintersteht? Darum muss jeder Verkäufer zuallererst seine eigenen Preise sich selbst verkaufen! Erst wenn ein Verkäufer zu 100 Prozent hinter seinen eigenen Preisen steht, bringt er den Preis mit einer solchen Natürlichkeit und Souveränität in das Gespräch ein, dass viel weniger Kunden im Preis ein Problem sehen – und automatisch nicht um diesen feilschen.

> **Woran erkennen insbesondere Profieinkäufer, dass Verkäufer nicht hinter ihren Preisen stehen?**
> - Der Verkäufer bemüht sich, so lange wie möglich nicht auf den Preis zu sprechen zu kommen. Im schlimmsten Falle fragt sogar irgendwann entnervt der Kunde: „Und, was kostet mich nun das Ganze? Nun rücken Sie endlich mit dem Preis raus!"
> - Kleinlaut oder undeutlich wird der Preis ausgesprochen. Der Blickkontakt zum Kunden wird vermieden. Am liebsten würde der Verkäufer sagen: „Tut mir ja auch leid, dass ich so teuer bin – aber ich mache die Preise nicht!"
> - Sobald der Kunde nach einem Rabatt fragt, gibt der Verkäufer sofort seinen bestmöglichen Rabatt. Dies macht er, um schnell das für ihn lästige Preisgespräch zu beenden und jetzt aufgrund dieses großzügigen Rabattes endlich den Auftrag zu bekommen.

Wirken Verkäufer unsicher, haben manche Kunden vielleicht Mitleid und kaufen ohne weitere Verhandlungsbemühungen. Andere wittern jedoch ihre Chancen und steigen jetzt erst richtig in die Preisverhandlung ein. Manche werden auch denken: „Wenn diese Person selbst nicht hinter ihrem Preis steht, dann scheint das Angebot wohl nicht so gut zu sein!" Automatisch wird vieles angezweifelt: Das Angebot selbst, die Qualität, das Unternehmen, für welches der Verkäufer arbeitet, die Sinnhaftigkeit, überhaupt eine Lösung finden zu müssen … Wenn der Kunde keinen dringenden Bedarf hat, wird er im Zweifelsfall vermutlich den

Einkauf verschieben oder aber den Preis kräftig drücken.

Viele Verkäufer beleidigen ihre Kunden

Es passiert nur allzu oft, dass Anbieter an die Geldbörse ihrer Kunden denken. Doch wer gibt den Verkäufern dazu das Recht? Ist es nicht sogar eine Zumutung für den Kunden, ihm nicht die beste Lösung anzubieten, sondern die billigste? Müssen „gute" Verkäufer nicht sogar Kunden vor einem möglichen billigen Fehlkauf warnen?

Selbstverständlich gibt es Kunden, die wenig Geld haben oder unbedingt die preiswerteste oder gar billigste Lösung wollen. Aber steht es einem Verkäufer zu, den Kunden mögliche bessere Alternativen vorzuenthalten? Fast könnte man schon fragen, ob es nicht angebracht wäre, dass Kunden Verkäufer wegen unterlassener Hilfeleistung verklagen, wenn sie ihnen nicht die passendsten Angebote präsentieren, sondern ausschließlich ihre billigsten.

Verkäufer haben die Aufgabe, zu verkaufen. Daran werden sie gemessen, darum beschäftigt und dafür bezahlt. Weil aber viele Anbieter im Laufe ihres Berufslebens die Erfahrung machen mussten, dass der Preis ein K.-o.-Kriterium sein kann, haben viele für sich den Glaubenssatz entwickelt: „Der Preis ist ein sehr entscheidender Wettbewerbsfaktor." Dabei ist der Preis nur ein Entscheidungsfaktor von vielen. Doch das haben leider manche Verkäufer vergessen. Um aus ihrer Sicht die

Auftragschancen zu erhöhen, fangen sie häufig mit den preislich niedrigsten Angeboten an und nicht mit den aus Kundensicht besten Lösungen und Konzepten.

Ängste – Tabuthema Nr. 1 im Verkauf

Die Angst vor der Reaktion des Kunden auf die Preisnennung treibt manch einen Verkäufer zur Verzweiflung. Statt den Preis beispielsweise von sich aus im Gespräch nebenbei zu nennen, sprechen manche bei der Auftragsklärung nicht einmal mögliche Preisspannen an. Stattdessen schicken sie lieber nach dem Gespräch ein schriftliches Angebot, in welchem der Interessent zum ersten Mal etwas über die Investitionshöhe erfährt. Und um sich auch für die hier genannten Preise nicht rechtfertigen zu müssen, werden die schriftlichen Angebote dann gar nicht erst nachgefasst. Getreu dem Motto: „Der Kunde ist ja mündig, der soll nun entscheiden. Wenn er Fragen hat, kann er sich ja bei mir melden. Sollte er sich nicht melden, waren wir wohl mal wieder zu teuer ..."

Wer nicht hinter seinen eigenen Preisen steht, hat auch häufig Hemmungen bei der Neukundengewinnung. Viele Anbieter glauben, dass Kunden vorrangig über den Preis gewonnen werden können. Sie erhoffen sich dann von einem möglichst niedrigen Preis einen kraftvollen Hebel für die schnelle Gewinnung von Kunden. Aussagen wie „Kommen Sie zu uns. Sie sparen bei uns 30 Prozent der Kosten – bei gleicher Qualität!" klingen für manch einen Verkäufer nach einem überzeugenden

Argument. Doch interessanterweise verunsichern solche Schnäppchen eher den Kunden. Denn kann etwas so Günstiges wirklich gut sein? Außerdem zeigt die Erfahrung, dass Kunden, die über den Preis gewonnen werden, auch schnell wieder ihren Lieferanten wechseln, sobald ein anderer Anbieter noch bessere Konditionen in Aussicht stellt.

Ein weiteres Problem ist, dass viele Verkäufer einfach schlecht darin sind, Argumente für ihre Preise zu formulieren – und sich deswegen [vor Preisgesprächen fürchten](#).

Dass Kunden nach einem besseren Preis fragen oder günstigere Mitbewerberangebote ansprechen, ist das Natürlichste auf der Welt. Wer zahlt denn auch gerne zu viel? Dennoch fangen viele Anbieter erst bei Aussprache dieser absehbaren Frage an, zu improvisieren, statt sich vorab auf diese Situation vorzubereiten. Im schlimmsten Falle zerstört der Verkäufer die Beziehung zu seinen Kunden mit unangebrachten Erwiderungen, durch die der Kunde sich in die Enge getrieben fühlt. Vielleicht sagt der Verkäufer: „Rabatt? Rabat liegt in Afrika!", oder: „Sie wollen doch jetzt nicht Äpfel mit Birnen vergleichen, oder?" Bei Aussagen wie diesen wird dem Kunden nicht auf Augenhöhe begegnet, sondern er wird „für dumm verkauft". Dabei möchte der Kunde letztlich nur die Sicherheit haben, dass das Angebot seinen Preis wert ist, also preiswert ist.

Professioneller ist es, seinem Kunden Wertschätzung entgegenzubringen. Vielleicht mit: „Ich kann verstehen, dass Sie einen guten Preis möchten. Bitte seien Sie sich sicher, das ist unser bester Preis."

Rational betrachtet gibt es keinen Grund für Ängste. Schließlich liegt keine Gefahr oder Bedrohung für Leib und Leben des Verkäufers vor. Aber allein der Gedanke, dass der Kunde das Angebot und insbesondere den Preis anzweifeln könnte und der Verkäufer dann „Rechenschaft" über die Höhe des Preises ablegen muss, macht manchen Verkäufern schwer zu schaffen. Automatisch sorgen sie mit ihrem inneren Dialog dafür, dass sie sich systematisch selbst abwerten – und im Verkaufsgespräch zwangsläufig schwächer als nötig vorgehen.

Wer Sorgen hat, den Auftrag womöglich nicht zu bekommen, tut sich insbesondere mit dem Schweigen schwer. Deshalb reden sich viele Verkäufer beim Kunden um Kopf und Kragen, statt sich auch die Macht des Schweigens in der Preisverhandlung zunutze zu machen. So senken viele „schwache" Verkäufer nahezu von allein den Preis, ohne dass der Kunde mehr dafür tun muss, als seine Forderung immer wieder zu wiederholen – und ansonsten zu schweigen.

Verkäufer müssen sich unbedingt ihr Angebot zuerst selbst verkaufen, damit sie wissen, weshalb es seinen Preis wert ist. So können sie mutig in Preisverhandlungen gehen, auf Augenhöhe den Kunden passende Lösungen vorstellen und ihre Preise leichter durchsetzen.

1.2 Weshalb Kunden feilschen

Der billige Preis kann schnell zum Bumerang werden. Diese Erfahrung musste vermutlich jeder schon einmal machen. Aber: Es gibt auch viele Produkte und Dienstleistungen, die aus Kundensicht nur einen bestimmten Preis wert sind und nicht mehr. Vielleicht, weil der Kunde mit einer einfachen Lösung zufrieden ist, keine höheren Ansprüche stellt, begrenzte finanzielle Möglichkeiten hat – oder gar nicht weiß, dass er für mehr Geld eine wirklich deutlich bessere Leistung bekommt.

> **Warum feilschen Kunden, insbesondere professionelle Einkäufer?**
> - Preise zu verhandeln macht Spaß.
> - Erfolgreiche Preisverhandlungen verschaffen Einkäufern Erfolgserlebnisse und Machtgefühle.
> - Es ist die Aufgabe von Einkäufern, den bestmöglichen Preis zu erzielen.
> - Häufig gibt es schon Nachlässe, wenn nur nach Rabatten gefragt wird.
> - Warum sollte man für eine Sache mehr bezahlen als nötig?
> - Das Budget ist beschränkt, und deswegen soll der Preis diesem angepasst werden.
> - Ein niedrigerer Preis gibt mehr Sicherheit. Denn ist die Leistung womöglich doch nicht so gut wie gedacht, hat man immerhin weniger dafür gezahlt als ursprünglich gefordert.

Auch Kunden haben Ängste

Viele Menschen haben schon schlechte Erfahrungen mit Verkäufern gemacht, und einige neigen dazu, diese Erfahrungen zu verallgemeinern. Auch die Sorge, unter Druck gesetzt zu werden, kann dazu beitragen, dass ein Kunde schnell überreagiert, beispielsweise wenn gleich zwei Verkäufer bei ihm eintreffen.

Kunden wissen, dass es die vorrangige Aufgabe von Verkäufern ist, zu verkaufen. Darum sind es ja Verkäufer. Deswegen gehen Kunden davon aus, dass Verkäufer im Zweifelsfall im Sinne ihres Arbeitgebers bzw. ihrer Provision handeln und nicht im Sinne des Kunden.

Manche Verkäufer versuchen diesen Zwiespalt zu verschleiern, indem sie beispielsweise auf ihre Visitenkarte „Vermögensberater", „Repräsentant" oder „Gebietsleiter" schreiben. Aber wenn diese Personen nach Umsätzen bezahlt werden oder zumindest über ihre Verkaufszahlen Rechenschaft ablegen müssen, dann sind es Verkäufer. Punkt. Dieser Tatsache sind sich viele Kunden bewusst.

Werte als Basis der Geschäftsbeziehung

Fühlen sich Kunden nicht ernst genommen, empfinden zu wenige positive Gefühle für den Verhandlungspartner oder wollen ihr Selbstwertgefühl mithilfe von Preisverhandlungen aufbauen, dann haben es Verkäufer unnötig schwer.

Kunden haben Mindestanforderungen an Verkäufer,

die diese zu erfüllen haben, um es sich und ihren Kunden generell leichter zu machen:
- Kunden wollen nicht „zugetextet" oder vor vollendete Tatsachen gestellt werden. Kunden wollen Lösungen für ihre Probleme und jemanden, der ihnen zuhört.
- Nicht nur die Zeit des Verkäufers ist wertvoll, sondern auch die des Kunden. Darum sollten Anbieter auf den Punkt kommen.
- Umgang auf Augenhöhe bedeutet auch, dass der Verkäufer nicht um einen Auftrag bettelt, dass er Versprechen einhält, keinen Druck ausübt, pünktlich ist und niemals auf unangebrachte Art persönlich wird.

Empfinden Kunden Sympathie für den Verkäufer, weil dieser begeistert, engagiert und überzeugend ist, spielt der Preis eine untergeordnete Rolle. Denn wer dem Verkäufer und dem Lieferantenunternehmen vertraut, stellt den Preis nicht mehr stark infrage.

Die „Spielchen" professioneller Einkäufer
Die Aufgabe eines Einkäufers besteht darin, jedem Verkäufer bzw. Lieferanten klarzumachen, dass sein Angebot austauschbar ist und dass somit ausschließlich der Preis zählt.

Um möglichst hohe Qualität zu einem niedrigen Preis zu erzielen, gibt es viele Möglichkeiten:
- Der Kunde nutzt die Unfähigkeit des Verkäufers aus, Verbindlichkeit aufzubauen (Salamitaktik): Nach-

dem der Verkäufer dem Einkäufer etwas entgegengekommen ist, fordert der Einkäufer weitere Zugeständnisse.
- Es wird geprüft, wo es in der Vergangenheit Probleme in der Zusammenarbeit gab. So werden beispielsweise Reklamationen aus der Vergangenheit genutzt, um dem Verkäufer ein schlechtes Gewissen zu machen.
- Einkäufer üben vor der eigentlichen Verhandlung, insbesondere dann, wenn mehrere Mitarbeiter aus dem Kundenunternehmen daran teilnehmen (Gremiumverhandlung). So vereinbaren sie Gesten, um untereinander bestimmte Botschaften auszutauschen, und verteilen Rollen: Der eine spielt in der Verhandlung den Wohlwollenden, der andere den Kritischen.
- Geschäftsberichte des Lieferantenunternehmens werden als Argumentationshilfe genutzt: „Wieso wollen Sie uns keine besseren Preise geben? Sie haben doch selbst Ihren Umsatz um 20 Prozent gesteigert und Ihren Gewinn sogar um 25 Prozent! Warum sollten da keine besseren Preise für uns möglich sein?"
- Der Raum wird so gestaltet, dass die Atmosphäre (Anordnung der Stühle, Licht usw.) zugunsten des Kunden ausfällt.
- Auf dem Schreibtisch liegen ganz offen Mitbewerberangebote, um dem anwesenden Verkäufer zu suggerieren, dass dieser nur einer von vielen ist.

- Störungen und Wendungen werden inszeniert. Beispielsweise beglückwünscht der Einkäufer den Verkäufer zum Auftrag, geht vor der Unterschrift unter einem Vorwand raus, um dem verblüfften Verkäufer dann klarzumachen, dass er zwar gerne unterschreiben würde, dass der Mitbewerber gerade eben aber noch mal preislich nachgebessert hat. Er möchte ja gerne kaufen – unter diesen Umständen nun aber leider nicht mehr.
- Es wird bewusst Sympathie zum Verkäufer aufgebaut, damit dieser sich dem Kunden mehr verpflichtet fühlt.
- Die Neigung vieler Verkäufer, gerne und viel zu reden, wird ausgenutzt: Man lässt sie so lange reden, bis sie irgendwann auch etwas Negatives über ihr Angebot, ihre Firma oder sich selbst erzählen. Hier wird dann gezielt eingehakt.

Objektivität durch Leistungsvergleich

Kunden wollen sich gerne für den richtigen Lieferanten entscheiden. Um den Vergleich zwischen unterschiedlichen Angeboten zu erleichtern, stellen sie manchmal die angebotenen Leistungen in einer Tabelle gegenüber. Dazu werden Entscheidungskriterien wie Qualität, Preis und dergleichen gesammelt, nach Relevanz gewichtet und bewertet. Das Angebot, welches dann die meisten Punkte bekommt, wird ausgewählt.

Problematisch an diesen Vergleichen ist, dass nicht alle Angebote so leicht und eindeutig vergleichbar sind.

Zum einen, weil Angebote nicht immer exakt der Anfrage entsprechen, zum anderen, weil nicht jede angefragte Leistung so eindeutig definiert werden kann, dass mit Sicherheit davon auszugehen ist, dass sich alle Angebote anhand der gleichen Kriterien in Bezug auf Qualität und Zusammensetzung betrachten lassen.

Weiche Faktoren, wie beispielsweise Marktführerschaft, bisherige Zusammenarbeit, Beziehungen zum Lieferanten und so weiter, erschweren zudem den objektiven Vergleich.

Einkäufer haben viele Gründe, den Preis infrage zu stellen. So feilschen sie nicht nur um einen besseren Preis, weil es ihre Aufgabe ist, sondern auch, weil es ihnen Spaß macht. Damit Kunden sich leichter für den richtigen Lieferanten entscheiden können, sollten Anbieter ihre Nutzen und Mehrwerte deutlich kommunizieren.

1.3 Preise als Gewinntreiber

Sowohl aus Kunden- als auch Anbietersicht sind Preise ein entscheidender Gewinntreiber. Schließlich setzt sich der Gewinn aus dem Umsatz (Absatzmenge x Preis) abzüglich der Kosten zusammen. Darum ist es aus rein betriebswirtschaftlicher Sicht wichtig, möglichst hohe Verkaufspreise und niedrige Einkaufspreise zu erzielen.

In der Praxis sind hohe Verkaufspreise bei niedrigen Einkaufspreisen nur selten möglich. Denn mit den Preisen geht oft auch eine gewisse Qualität einher. Sollte sich nach dem Kauf herausstellen, dass die Qualität unter den Erwartungen des Kunden liegt, zieht dies häufig mehrere unangenehme Konsequenzen nach sich: Der Kunde reklamiert, meidet möglicherweise weitere Angebote des Anbieters und warnt im schlimmsten Falle andere potenzielle Kunden vor dem Kauf.

Was zwei Prozent bewirken können

Manch ein Kunde nimmt sich nicht die Zeit für Preisverhandlungen. Warum sollte man auch wegen ein paar Prozenten seine Lieferanten unter Druck setzen? Verkäufer hingegen geben häufig vorschnell Rabatte, um die Beziehung zum Kunden nicht zu gefährden und den Kunden zu halten. Doch welche Auswirkungen können beispielsweise „lächerliche" zwei Prozent haben?

Das Unternehmen „Gewinnmaximierung" macht einen Umsatz von 1 000 000 Euro. Es hat Kosten von 950 000 Euro und fährt somit einen Gewinn von 50 000 Euro ein. Dem Einkäufer ist es nun gelungen, seinen größten Lieferanten, der ihm jährlich Ware für 200 000 Euro verkauft, um zwei Prozent „zu drücken". Damit fallen die Einkaufskosten um 4000 Euro niedriger aus und der Gewinn steigt um acht Prozent auf 54 000 Euro.

Eine alternative Möglichkeit ist die Erhöhung der Verkaufspreise. Auf der Vertriebstagung erfährt das Ver-

kaufsteam, dass die Preise um zwei Prozent angehoben werden. Infolgedessen steigt der Umsatz um 20 000 Euro. Der Gewinn erhöht sich dadurch um 20 000 Euro bzw. 40 Prozent von 50 000 Euro auf 70 000 Euro.

Natürlich sind solche theoretischen Rechenbeispiele nicht leicht in die Praxis umzusetzen. Denn die Rechenwege unterstellen, dass die Rahmenbedingungen gleich bleiben, insbesondere die Absatzmenge. Dennoch sollten die Auswirkungen, die „nur" zwei Prozent mehr oder weniger haben können, jeden unternehmerisch Handelnden nachdenklich stimmen ...

Preiskompetenz der Verkäufer

Ob und wie viel Preisverhandlungskompetenz Verkäufer haben sollten, wird kontrovers diskutiert:

Pro – Argumente für mehr Preiskompetenz:
- Haben Verkäufer Ermessensspielräume, sind sie vor Ort flexibel und können auf die unterschiedlichen Gegebenheiten unkompliziert eingehen.
- Kunden fühlen sich gut bedient, wenn der Verkäufer Preiskompetenz hat. Denn was sollen Kunden mit Ansprechpartnern anfangen, die sowieso keine Entscheidung treffen können, wenn es drauf ankommt?
- Verkaufsverantwortliche mit Preiskompetenz belasten nicht unnötig ihren Innendienst mit Konditionsbitten bzw. -anfragen.
- Geben Führungskräfte ihren Verkäufern Ermessensspielräume, dann motivieren sie sie meist durch den

Vertrauensvorschuss und bringen ihnen Wertschätzung entgegen.

Kontra – Argumente gegen mehr Preiskompetenz:
- Die Gefahr ist groß, dass Verkäufer vorschnell ihre Rabattspielräume nutzen, um den Auftrag zu gewinnen und die Beziehung zu „ihrem" Kunden zu pflegen.
- Anfragen beim Innendienst können die Preisverhandlung vor Ort beim Kunden entschleunigen – und so verhindern, dass voreilig Rabatte gegeben werden.
- Verkäufer haben in der Regel keinen konkreten Einblick in die Kalkulation – und wissen so häufig gar nicht, was sie mit ein paar Prozent mehr oder weniger verursachen.

Verkäufer werden vermutlich eher im Sinne „ihres" Unternehmens handeln, wenn sie nicht nur nach Umsatz, sondern auch nach Deckungsbeitrag bezahlt werden. Allerdings sind solche Abrechnungssysteme deutlich komplizierter, als Mitarbeiter nur nach Umsatz zu bezahlen.

Werden mehrere Verkäufer beschäftigt, ist es interessant, zu erfahren, wie einzelne Verkäufer ihre Ermessensspielräume nutzen. So kann es im Extremfall sein, dass ein Verkäufer mit höchstmöglichen Rabatten Innovationen in den Markt drückt, während sein Kollege den Nutzen und den Mehrwert dieser Innovation hervorhebt – und weniger über den Preis verkauft.

Es muss nicht immer Barrabatt sein

Muss dem Kunden Rabatt gegeben werden, so ist Naturalrabatt stets dem Barrabatt vorzuziehen. Wer es ganz geschickt machen will, gibt seinem Kunden sogar Naturalrabatt, um die Kundenbindung zu erhöhen.

So fährt ein Autohaus besser damit, wenn es anstelle eines Preisnachlasses dem Kunden Gutscheine für die nächsten Inspektionen gibt. Denn so wird der Kunde auf eine geschickte Art dazu animiert, erneut wiederzukommen. Hätte er einfach einen hohen Barrabatt erhalten, würde er nicht zwangsläufig zur Wartung zu diesem Autohaus gehen.

Neben Bar- und Naturalrabatt ist auch eine Änderung der Liefer- und Zahlungsbedingungen sowie der AGB möglich. Deswegen können auch Punkte wie Lieferzeit, -ort und -art, Mindestmengen bzw. Mindermengenzuschläge, Transportkosten, Umtausch- und Rückgaberecht sowie die Zahlungsart, -frist und -sicherung alternativ zum Preis thematisiert werden.

Gründe für besondere Konditionen

Weniger versierte Anbieter akzeptieren fast jeden Preis, um sich bloß keinen Auftrag entgehen zu lassen. Außerdem hoffen sie, dass sich mit einer wachsenden Anzahl von Aufträgen irgendwann schon Geld verdienen lässt. Doch Umsatz ist nicht gleich Gewinn, und fünf Aufträge, bei denen der Anbieter unterm Strich noch Geld draufzahlt, ergeben auch in Summe kein gutes Ergebnis. Dennoch gibt es spezielle Fälle, in denen Anbieter bereit sein könnten, mit sehr günstigen Preisen zu operieren:

- um einen Mitbewerber abzuwehren, bevor dieser den Fuß in die Tür bekommt;
- um einen Referenzkunden bzw. Meinungsbildner zu gewinnen;
- wenn in Summe mehrere Produkte an den Kunden verkauft werden, von denen einige auch Gewinn bringen;
- sobald Überkapazitäten vorliegen, die dringend abgebaut werden müssen;
- wenn Zahlungsschwierigkeiten wegen zu geringer Liquidität drohen, da der Verkauf unterhalb der kalkulierten Preise dringend benötigte finanzielle Mittel in die Kassen spülen kann.

Wenn die Kalkulation zur Falle wird

Sämtliche Konditionen müssen für alle Beteiligten transparent und nachvollziehbar sein. Denn das Schlimmste wäre, dass Einkäufer und Verkäufer bei der Kalkulation auf unterschiedliche Einkaufspreise kommen, weil sie die Konditionen unterschiedlich ansetzen. So kann es durchaus vorkommen, dass sich Verantwortliche nicht zu 100 Prozent sicher sind, auf welchen Betrag sich die einzelnen Konditionen beziehen – was dann zu falschen Berechnungen führt. Darum müssen Verkäufer sich darüber im Klaren sein, wo welche Konditionen bei der Einkaufspreisberechnung in Abzug zu bringen sind. Denn andernfalls können sie zum einen selbst nicht beurteilen, wie sie mit weiteren Zugeständnissen den Deckungsbeitrag beeinflussen würden, und zum anderen sind sie nicht in der Lage, gegenüber dem Kunden souverän und sicher aufzutreten.

Um kalkulierte Preise gut durchsetzen zu können, müssen Verkäufer ausreichend gewappnet sein:
- *Verkäufer müssen wissen, weswegen ihr Angebot seinen Preis wert ist, um in der Verhandlung überzeugend hinter diesem Preis stehen zu können.*
- *Gerade bei Preisverhandlungen ist es wichtig, dem Kunden nicht zu schnell entgegenzukommen, da sonst für ihn das Erfolgsgefühl ausbleibt.*
- *Mit Fragen nach besseren Konditionen wollen Kunden Verkäufer nicht ärgern, sondern ihrer Aufgabe als Einkäufer gerecht werden und sicherstellen, dass das Angebot seinen Preis wert ist.*
- *Jeder Verkäufer muss wissen, wie stark sich schon wenige Prozente auf den Gewinn auswirken.*
- *Naturalrabatte sind Barrabatten grundsätzlich vorzuziehen.*
- *Verkäufer müssen sicher mit ihren Zahlen umgehen können, sodass sie stets im Blick haben, wie sich ihre Zusagen auf die Bilanzen ihres Unternehmens auswirken.*

30 MINUTEN

Wieso müssen Anbieter Qualität und Kompetenz ausstrahlen?
Seite 30

Wie können sich Verkäufer besser auf Preisgespräche vorbereiten?
Seite 35

Warum ist es gut, Erster zu sein?
Seite 41

2. Gesprächsvorbereitung

Selbst wenn viele Verkäufer glauben, dass ein Verkauf schlicht und einfach gelingt oder auch nicht, können sie ihren Erfolg doch maßgeblich beeinflussen: Der Schlüssel liegt in der Vorbereitung auf die Preisverhandlung und dem Training des Verkäufers. Doch die Verantwortung für den Verkaufserfolg liegt nicht allein beim Verkäufer. Das gesamte Unternehmen mit all seinen Mitarbeitern spielt ebenfalls eine entscheidende Rolle. Denn der Kunde nimmt den Dreiklang von anbietendem Unternehmen, dessen Angebot und seinem Verkäufer wahr. Dieses Gesamtbild vermittelt ihm das Gefühl, dass das Preis-Leistungs-Verhältnis stimmt – oder eben nicht.

2.1 Preisempfinden entsteht frühzeitig

Bevor ein Kunde mit einem Verkäufer über Preise spricht, hat dieser meist bereits zahlreiche Eindrücke von diesem Anbieter bewusst und unbewusst gesammelt. So hat er vielleicht Gespräche mit Mitarbeitern (Telefonzentrale, Empfang, Messestand, ...) geführt und eventuell sogar schon einmal privat Kontakt mit einem Mitarbeiter des Unternehmens gehabt. Vielleicht hat er auch die Webseite angeklickt, um sich zu informieren, oder beim Lesen eines Magazins eine Anzeige oder einen redaktionellen Beitrag wahrgenommen. Möglicherweise wurden ihm schon Muster oder Prospekte per Post geschickt. Auch ein Gespräch mit Geschäftsfreunden über diesen Anbieter oder über einzelne Mitarbeiter des Unternehmens kann vorher stattgefunden haben.

Das bedeutet, der Kunde hat sich schon vor und während der Geschäftsanbahnung ein Bild von dem Anbieter gemacht – und eine gewisse Vorstellung davon entwickelt, wie die Qualität und auch der Preis ausfallen könnten.

Subjektive Qualitätsanmutung
Mit der subjektiven Wahrnehmung der Kunden ist auch zu erklären, weswegen manche Anbieter deutlich weniger Anfragen bekommen, als sie bekommen könnten. Wenn beispielsweise ein Interessent im Internet nach einem Lieferanten sucht, dann macht er sich aufgrund

des ersten Eindrucks, der durch die Gestaltung und den Inhalt der Webseite entsteht, automatisch ein Bild von der Qualität und dem Preis. Je nachdem, welche Preise er zu zahlen bereit ist und welche Leistungen er sucht, wird er die Webseite mit dem Gedanken „Die passen nicht zu mir" wegklicken oder aber das dahintersteckende Unternehmen in die engere Auswahl nehmen.

Qualität und Kompetenz vermitteln

Es ist entscheidend, dass insbesondere Unternehmen, die zu höheren Preisen verkaufen wollen, stets Professionalität und Wertigkeit vermitteln – auf allen Ebenen. Getreu dem Motto „Tue Gutes und rede darüber" darf nicht vergessen werden, Stärken und Erfolge zu kommunizieren und auszubauen, beispielsweise durch:

- Veröffentlichung aussagekräftiger Referenzen;
- Hervorhebung relevanter Auszeichnungen und besonderer Zertifikate;
- nachvollziehbare Beispiele, die zeigen, dass Kunden durch den Kauf erfolgreicher geworden sind;
- Ausbau der Bekanntheit durch Vorträge und mediale Präsenz, da viele Bekanntheit mit Qualität – und somit mit Preiswürdigkeit – verbinden;
- professionelles Erscheinungsbild aller Mitarbeiter;
- Beschäftigung von service- und lösungsorientierten Mitarbeitern, die Kunden als Bereicherung und nicht als notwendiges Übel sehen;
- modern gestaltete Werbematerialien und Verkaufsunterlagen.

Unternehmer und Verkäufer müssen sich immer wieder darüber Gedanken machen, wie sie ihrer Zielgruppe beweisen können, dass sie ihr Geld wert sind. Bleibt dieser Beweis aus, kaufen Kunden nicht oder versuchen, den Preis herunterzuhandeln. Deswegen müssen insbesondere Anbieter im Hochpreissegment mit kompetenten und damit in der Regel auch hochpreisigen Lieferanten zusammenarbeiten. Denn wie will ein Unternehmen seinen Kunden Qualität suggerieren und diese auch liefern, wenn es dazu „billige" Lieferanten einsetzt?

Am Anfang war die Preisentscheidung

Kunden zahlen gerne einen höheren Preis, wenn ein Produkt einen besonderen und für sie relevanten Nutzen hat oder es wenige bis keine Alternativprodukte gibt. Auch wird sich der Kunde kaum Gedanken über den Kauf machen, wenn die Investition nur einen Bruchteil seines Gesamtbudgets betrifft. Die Preisbereitschaft steigt ebenfalls, wenn Kunden nur schwer vergleichen können bzw. gar keine Idee haben, wie sie eine objektive Bewertung von Alternativen durchführen sollten.

Zur Festlegung der Verkaufspreise kann sich ein Unternehmer an seinen Kosten orientieren, an seinen Mitbewerbern und/oder auch an der Preisbereitschaft seiner Kunden. Das Ergebnis führt zu unterschiedlichen Preisstrategien:

- Hoch- bzw. Premiumpreisstrategie
- Mittel- bzw. Durchschnittspreisstrategie

- Niedrig- bzw. Promotionpreisstratgie
- Abschöpfungs- bzw. Skimmingpreisstrategie: Das Produkt wird zuerst teuer angeboten, um im Laufe der Zeit zunehmend günstiger zu werden. So gelingt es dem Anbieter, möglichst optimal die Preisbereitschaft der Kunden auszunutzen (bspw. neue Technologien).
- Penetrationspreisstrategie: Das Produkt wird extrem günstig angeboten und langsam im Preis angehoben. Dadurch soll eine möglichst breite Marktabdeckung sichergestellt werden (bspw. neue Printmagazine).

Preisdifferenzierung

Anbieter können auch unterschiedliche Preise für die gleiche Leistung verlangen. Denn verlangt ein Unternehmen von allen immer die gleichen Preise, dann kann es passieren, dass attraktive Zielgruppen nicht erreicht und abgeschöpft werden können. Preise können unterschieden werden nach
- Personen (Studenten, Senioren, Jungunternehmer, …);
- Zeit (Hotel, Flüge, Reisen, …);
- Verwendung (Strom für Privathaushalte und Unternehmen) und
- Menge (Vielflieger, Großabnehmer, …).

Preispsychologie

Angebote wirken durch krumme Preise häufig attraktiver. So verkauft sich eine Tafel Schokolade meist für

0,90 Euro besser als für 1,10 Euro. Das liegt daran, dass Menschen von links nach rechts lesen – und der Betrag somit niedriger erscheint, wenn links beispielsweise eine 0 statt einer 1 steht. Krumme Zahlen in schriftlichen Angeboten wirken ebenfalls besser, weil der Kunde denkt, dass hier sehr genau für ihn kalkuliert wurde. Doch in gewissen Situationen können krumme Zahlen auch den Verkauf erschweren. Wird beispielsweise ein spezialisierter Dienstleister gefragt, wie hoch sein Tagessatz ist, und dieser antwortet dann mit „zweitausendachthundertneunundneunzig", dann wirkt dies wesentlich teurer, als wenn er nur „zwei neun" für 2900 sagen würde.

Diese psychologischen Auswirkungen des Preises sollten daher sowohl bei der Angebotskalkulation als auch bei der Ermittlung von unverbindlichen Preisempfehlungen für Kunden berücksichtigt werden.

Um Gewinne zu optimieren, muss die Preisbereitschaft der Kunden voll ausgeschöpft werden. Damit dies gelingt, muss die vorher definierte Qualität auf allen Ebenen kommuniziert und eingehalten werden. Denn schon vor der Preisverhandlung machen sich Kunden ein Bild über die zu erwartende Qualität und den dazu passenden Preis.

2.2 Kundengespräche vorbereiten

Werden Verkäufer darum gebeten, fünf gute Gründe zu nennen, warum es sich lohnt, ihr Kunde zu werden, dann kommen viele ins Grübeln. Nur selten können Verkaufsverantwortliche wirklich über Allgemeinplätze wie „Wir bieten guten Service", „Wir haben eine gute Qualität" und „Wir sind freundlich" hinausgehende Gründe nennen.

Doch sind solche allgemeinen Aussagen nicht Eigenschaften, die Kunden sowieso von jedem Anbieter erwarten? Warum sollte ein Kunde für solche Selbstverständlichkeiten mehr Geld bezahlen – erst recht, wo doch die Gefahr groß ist, dass solche Phrasen eher Lippenbekenntnisse sind? Denn wenn schon Selbstverständlichkeiten betont werden, dann scheint der Verkäufer ja sonst nicht allzu viel zu bieten zu haben …

Verkäufer dürfen ihre Aufgabe nicht vorrangig in der Informationsvermittlung sehen. Ihre Aufgabe ist es, den Kunden zu interessieren und diesen zum Kauf zu motivieren.

Die Ziele des Kunden unterstützen

Ein Angebot ist nur dann gut, wenn der Kunde es gut findet. Ist dies nicht der Fall, ist auch schnell der Preis zu hoch! Darum müssen Verkäufer klar den Nutzen formulieren, den der Kunde von dem Kauf hat.

Aber welche Ziele verfolgt der Kunde? Manche Unternehmer wollen vorrangig ihre Gewinne maximieren, andere Marktanteile um jeden Preis erobern. Bei weiteren stehen der Gewinn und der Umsatz gar nicht so sehr im Vordergrund. Sie wollen lieber Arbeitsplätze sichern und ausbauen, um einfach einen angenehmen Arbeitsalltag für sich und ihre Mitarbeiter zu gewährleisten.

Für durchdachte Ideen, wie Gewinne erhöht und Kosten gesenkt werden können, sind viele offen. Kunden können beispielsweise ihre Material- oder Personalkosten senken, den Lagerumschlag oder ihre Produktivität erhöhen und ihre Qualität weiterentwickeln. Denn schließlich müssen auch sie ihre Verkaufspreise halten und/oder weiter ausbauen und brauchen daher einfallsreiche Lieferanten.

Nicht zu vergessen sind darüber hinaus weiche Faktoren, wie mehr Leichtigkeit bei der Erreichung der Ziele und weniger schwierige Situationen. Wenn Anbieter also verdeutlichen, dass mit ihrer Hilfe etwas besser läuft und somit ihre Kunden weniger Stress und unangenehme Gefühle haben, steigt das Interesse ebenfalls.

Bausteine für gelungene Gespräche

Es ist elementar, dass der entscheidende Nutzen eines Angebots und sein Mehrwert – also das, was es von der Konkurrenz abhebt und für den Kunden relevant ist – deutlich und für den Kunden verständlich kommuniziert wird. Es kommt nämlich nicht darauf an, was der Verkäufer sagt, sondern es zählt das, was der Gesprächspartner versteht – und behält.

Damit ein Kunde leichter versteht, was ihm der Kauf bringen würde, muss der Verkäufer oft und deutlich den Nutzen aussprechen:

- Werden Verben wie „senken", „stärken", „verbessern", „verteilen", „reduzieren", „sichern", „ermöglichen", „teilen", „ergänzen" usw. vom Verkäufer verwendet, spricht er zwangsläufig deutlicher den Nutzen aus, weil er Merkmale und Eigenschaften seines Angebots automatisch mit diesem in Verbindung bringt.
- Auch die Verwendung von Nutzenbrücken wie „dadurch erhalten Sie", „so bekommen Sie" oder „das bedeutet für Sie" zwingt den Verkäufer, klarer den Nutzen auszusprechen.
- Der Kunde sollte weniger mit Wörtern wie „ich", „wir", „uns" und „mein" konfrontiert werden, sondern verstärkt mit „Sie", „Ihnen", „dir" und „dein". Denn wer viel über sich erzählt, langweilt schnell seinen Gesprächspartner. Der Kunde will schließlich wissen, was er selbst vom Kauf hat.

Manche Verkäufer wollen Zeit sparen und sagen beispielsweise: „Sie wissen bestimmt, welchen Nutzen Ihnen diese Maschine liefert, nicht wahr?" Die Wahrscheinlichkeit ist groß, dass der Kunde dies bejaht, auch wenn er sich über den Nutzen gar nicht richtig im Klaren ist. In diesem Fall sinkt natürlich auch die Wahrscheinlichkeit, dass er den kalkulierten Preis akzeptiert. Deswegen sollten Verkäufer lieber Fragen wie diese stellen: „Damit ich Ihnen nichts erzähle, was Sie schon wissen: Was sind die Gründe, weswegen Sie dieses Modell interessiert?"

Selbstverständlich muss nicht immer gebetsmühlenartig der Nutzen wiederholt werden. Erst recht dann nicht, wenn der Kunde selbst vom Fach ist. Dennoch zeigt die Praxis, dass deutlich mehr über Eigenschaften und Merkmale gesprochen wird als über den Nutzen.

Vorbereitung ist das A und O

Auf jeden einzelnen Kundenbesuch müssen sich Verkäufer vorbereiten. Schließlich ist Planung die geistige Vorwegnahme der Zukunft – und eine zukünftige Preisverhandlung ist gut planbar:

- Welche Alternativen können dem Kunden anstelle eines Barrabattes angeboten werden?
- Was kann dem Kunden zusätzlich gegeben werden, um den Preis zu halten?
- Welche Konditionen könnten wie verändert werden?
- Gibt es Leistungen, die der Kunde übernehmen kann, sodass sich der Einkaufspreis reduziert?
- Mit welchem Preis soll in die Verhandlung eingestiegen werden?
- Welcher Preis ist der Preis, der im Idealfall erzielt wird?
- Welcher Preis wäre ebenfalls in Ordnung?
- Welcher Preis wäre gerade noch akzeptabel?

Gründe für den Auftragsverlust

Aufträge werden nach sehr unterschiedlichen Faktoren vergeben. So spielt die persönliche Sympathie eine nicht zu unterschätzende Rolle: Wer wird auch schon gerne einen Auftrag an jemanden vergeben, der unsympathisch ist? Auch Einflussgrößen, die mit der Lösung selbst verbunden sind, können manchmal aus gewissen Gründen gegen einen Auftrag sprechen: Warum sollte jemand ein Produkt in sein Sortiment aufnehmen, für das er kaum Kunden hat? Darüber hinaus haben auch finanzielle Gründe Einfluss auf die Kaufentscheidung: Weshalb sollte Geld in eine Sache investiert werden, wenn es für andere, dringlichere Investitionen gebraucht wird?

> **Tipp: Wer in Vorleistung geht, gewinnt mehr Kunden!**
> Kunden fühlen sich häufig moralisch stärker zum Kauf verpflichtet, wenn der Verkäufer in Vorleistungen geht, beispielsweise mit
> - Produkten zum Testen,
> - der Mitnahme des Kunden zu einem Referenzkunden,
> - dem Beilegen eines Musters zur schriftlichen Terminbestätigung oder
> - der Durchführung eines Probetrainings.

Mentale Fitness für Verkäufer

Wenn Verkäufer ein Problem mit ihren eigenen Preisen haben, dann spürt der Kunde das schnell. Es wird keinem Verkäufer auf Dauer gelingen, zu Höchstpreisen zu verkaufen, wenn er selbst ein Pfennigfuchser ist. Dahinter steht schlichtweg die jeweilige Lebensphilosophie. Denn wie will ein Verkäufer dem Kunden authentisch Mut und Zuversicht vermitteln, damit dieser „Ja" zum hohen Preis sagt, wenn er selbst dabei denkt: „Um Gottes willen, so viel Geld würde ich für so was nie bezahlen!"

Sind Verkäufer stets gut drauf, haben Spaß an ihrer Arbeit und glauben an den Auftrag, dann bewahrheiten sich Sprüche wie „Kunden kaufen nur von Gewinnern!" oder „Wenn es erst einmal läuft, dann läuft's". Schließlich gibt es für Kunden nichts Schlimmeres, als wenn sie Geld ausgeben möchten bzw. eine Lösung wollen – und der Verkäufer muss nahezu zur Arbeit getragen werden.

Wie souverän ein Verkäufer im gesamten Verkaufsprozess und insbesondere in der Preisverhandlung ist, hängt von vielen Faktoren ab:

- Wie geht er grundsätzlich in das Gespräch? Rechnet er mit einem „fiesen" Einkäufer, der ihn demütigen und schikanieren wird?
- Wie wichtig ist es ihm, den Auftrag zu bekommen? Wird er Ärger von seinem Chef bekommen oder womöglich nicht die Provision, die er dringend braucht („Ich muss verkaufen, sonst verhungere ich!")?
- Wie glaubt er, bei dem Gespräch abzuschneiden? Ist er zuversichtlich oder denkt er, dass er sowieso keine Chance hat?

Aus dem Verlauf und den Ergebnissen einiger weniger Gespräche werden schnell allgemeine Glaubenssätze entwickelt, wie „Preisverhandlungen sind schrecklich!" oder „Preisverhandlungen machen Spaß!". Diese wirken sich entsprechend auf das subjektive Stressempfinden aus: Wenn ein Verkäufer ahnt, dass er mit der Preisverhandlung überfordert sein könnte, wird er vorschnell Rabatte geben – oder gar gewisse Verhandlungen bzw. potenzielle Kunden meiden.

Darum müssen Verkäufer unbedingt an den Erfolg glauben. Denn wenn sie davon überzeugt sind, dass sie mit ihrem Angebot eine Bereicherung für den Kunden darstellen, dann wird dies ihr Gegenüber spüren. So entsteht Sog statt Druck.

Es ist besser, Erster zu sein

Einige Verkäufer warten darauf, dass sich Kunden mit einem bestimmten Bedarf bei ihnen melden. Doch eigentlich ist es ihre Aufgabe, Bedürfnisse beim Kunden zu wecken! Manch ein Kunde ist derart in seinem Alltagsgeschäft gefangen, dass er sich gar nicht die Zeit nimmt, über bessere oder andere Alternativen nachzudenken. Schafft es ein Verkäufer, den potenziellen Kunden darauf aufmerksam zu machen, dass gewisse Prozesse wirtschaftlicher gestaltet oder Ziele auf einem anderen Weg sicherer erreicht werden, dann hat der Anbieter einen guten Job gemacht.

Das bedeutet nicht zwangsläufig, dass der Kunde dann gleich bei ihm die Lösung kauft. Möglicherweise holt er sich noch Vergleichsangebote ein. Allerdings fühlt sich manch ein Einkäufer moralisch verpflichtet, den Auftrag letztlich an den Ideengeber und nicht an den billigsten Anbieter zu vergeben.

Nicht jeder Kunde ist die Mühe wert
Zeit ist für Verkaufsverantwortliche das wertvollste Gut. Alle Verkäufer haben davon gleich viel zur Verfügung, die Frage ist nur, wie und wo sie ihre Zeit verbringen. Während also einige bei den „netten" Kunden sind, konzentrieren sich andere auf diejenigen, bei denen sie lukrative Auftragschancen wittern.
Manche Kunden haben für gewisse Produkte und Dienstleistungen ein derartig geringes Wertgefühl, dass Verkaufsverantwortliche sich durchaus Gedanken machen sollten, ob es klug ist, weitere Zeit in diese Kunden zu investieren.
Es ist sinnvoll, insbesondere vor langen und aufwendigen Anreisen zu potenziellen Kunden, eine Qualifizierung vorab telefonisch vorzunehmen, beispielsweise mit Formulierungen wie: „Damit ich mich optimal auf das Gespräch vorbereiten kann, möchte ich Ihnen gerne ein paar Fragen stellen …" Werden dann bereits die groben Rahmenbedingungen angesprochen, zu denen auch die ungefähren Preisvorstellungen zählen, dann wissen alle Beteiligten, woran sie sind und ob überhaupt eine solide Basis für eine Zusammenarbeit vorliegt. Fallen die preislichen Vorstellungen weit auseinander, sollte im Zweifelsfall der Interessent an einen

Geschäftspartner verwiesen werden, der in seiner Preisliga spielt.

Der Erfolg von Preisverhandlungen hängt auch von den Rahmenbedingungen und der Vorbereitung ab:
- *Sowohl das Image des Anbieters als auch die „Macht des ersten Eindrucks" beeinflussen die Erwartungshaltung des Kunden und seine Einstellung zum Preis.*
- *Nicht nur Mitarbeiter aus der Verkaufsabteilung, sondern auch aus dem Marketing und der Geschäftsführung müssen sich immer wieder darüber Gedanken machen, wie sie beim Kunden eine hohe Preiswürdigkeit erzielen.*
- *Nicht der Preis ist für den Kunden vorrangig entscheidend, sondern der Nutzen, bezogen auf seine individuelle Zielsetzung.*
- *Vor dem Gespräch muss klar festgelegt werden, welcher Preis im Idealfall durchgesetzt werden soll und welche Rückzugsziele es gibt.*
- *Die mentale Verfassung des Verkäufers wirkt auf den Kunden.*
- *Nicht jeder Interessent kommt als Kunde infrage, denn Interessenten mit stark abweichenden Preisvorstellungen werden schnell zu Zeitdieben.*

30 MINUTEN

Mit welchen Fragen werden Wünsche und Anforderungen ermittelt?

Seite 46

Welche psychologischen Kniffe helfen in Preisverhandlungen?

Seite 50

Warum kauft nicht jeder, obwohl er gute Rabatte bekommt?

Seite 56

3. Preisgespräche

Kunden haben eine mentale Waage: In der einen Waagschale liegt der Nutzen, in der anderen die Investition. Die Kaufentscheidung ist davon abhängig, welche Seite schwerer wiegt. Damit Anbieter gute Preise durchsetzen können, müssen sie durch Fragen exakt herausfinden, was der Kunde wirklich will und braucht. Kennen sie die Motive und geben sie dem Kunden die Sicherheit, dass ihr Angebot zu diesen Motiven passt, wird der Preis zur Nebensache.

Sich von Geld zu trennen, fällt schwer. Um den Trennungsschmerz zu lindern, sollten Verkäufer im Umgang mit den eigenen Preisen Fingerspitzengefühl beweisen. Ein angemessen verpackter Preis erleichtert manch eine Kaufentscheidung.

3.1 Fragen, ohne auszufragen

Jeder Verkäufer kennt den Spruch „Wer fragt, der führt". Leider zeigt die Praxis, dass viele Verkaufsverantwortliche viel zu wenige Fragen stellen. Doch wie soll ein Verkäufer optimal ein passendes Angebot in der Vorstellungswelt des Kunden platzieren, wenn er gar nicht weiß, was der Kunde braucht und will?

Bei der Bedarfsanalyse ist es elementar, den Kunden zu verstehen. Der Verkäufer muss auch über den Tellerrand blicken, denn möglicherweise stellt der Kunde eine falsche Eigendiagnose und verlangt eine unpassende Lösung. Welches Problem will er also tatsächlich lösen – und welche Ziele verfolgt er damit?

Kommt beispielsweise ein Unternehmer auf einen Webdesigner zu, der ihm eine Webseite ähnlich der des Mitbewerbers erstellen soll, dann würde ein schlechter Webdesigner diesen Wunsch einfach eins zu eins umsetzen und seine Leistung in Rechnung stellen. Ein professioneller Webdesigner hingegen fragt nach, welche Ziele der Unternehmer mit seiner Webseite verfolgt – und baut auf Grundlage der Antworten ein individuelles Konzept und Angebot auf.

Verkäufer, die ihr Geld wert sind, müssen somit hinter das Problem schauen, welches der Kunde beschreibt, und den Kunden spüren lassen, dass sie nicht nur verkaufen wollen, sondern auch mitdenken.

Warum stellen viele Verkäufer zu wenige Fragen?
- „Alte Hasen" meinen aufgrund ihrer Erfahrung genau zu wissen, was der Kunde braucht.
- Andere fürchten, gegenüber dem Kunden „dumm dazustehen", wenn sie bestimmte Fragen stellen.
- Die Antworten könnten anders ausfallen als vom Verkäufer erwünscht.
- Manche Verkäufer sind sich der Macht guter Fragen gar nicht bewusst.

Kundenergründung ist elementar

Selbst wenn ein Verkäufer wirklich Gedanken lesen könnte und daher wüsste, was der Kunde will und braucht, sollte er dennoch gute Fragen stellen, insbesondere zur Auftragsklärung. Denn der Kunde wird aufgrund der Fragen spüren, dass sich der Anbieter wirklich für ihn interessiert – und somit Vertrauen aufbauen. Außerdem gibt es viele Kunden, die gar nicht genau wissen, was sie wirklich brauchen. Auch hier kann der Verkäufer helfen, mit dem Kunden gemeinsam eine Lösung zu entwickeln:

- *„An was haben Sie genau gedacht?"*
- *„Was möchten Sie damit machen?"*
- *„Bis wann brauchen Sie die Ware?"* oder *„Wann sollte es fertig sein?"*
- *„Wie lange haben Sie eigentlich schon den Wunsch, ein solches Produkt zu haben?"*
- *„Was hat Sie bisher vom Kauf abgehalten?"*
- *„Bis wann brauchen Sie das Angebot?"*

- „Mit wem entscheiden Sie gemeinsam über die Auftragsvergabe?"
- „Wann werden Sie voraussichtlich den Auftrag vergeben?"
- „Dazu passt noch A. Darf ich Ihnen das auch gleich mit anbieten?"
- „Darf ich Ihnen alternativ noch eine weitere Lösung vorstellen?"
- „Ich gehe davon aus, dass Sie mehrere Angebote einholen. Nach welchen Kriterien entscheiden Sie?"
- „Was empfehlen Sie mir, damit ich die besten Chancen habe, den Auftrag zu bekommen?"

Das Thema Preise muss unbedingt schon bei der Kundenergründung angesprochen werden. Denn woher soll der Verkäufer sonst wissen, ob der Kunde möglicherweise unrealistische Preisvorstellungen hat? Außerdem fragt sich der Kunde sowieso von Anfang an, wo das Investitionsvolumen wohl liegen mag – und bekommt somit eine wertvolle Information:

- „Sie haben sich bestimmt schon Gedanken darüber gemacht, was so etwas kosten darf. Wo liegen da ungefähr Ihre Vorstellungen?"
- „Wir haben hier verschiedene Möglichkeiten. Variante A liegt bei ca. x Euro, Variante B mit dem entscheidenden Vorteil Y bei ca. z Euro. Welche Alternative ist für Sie interessanter?"
- „Sie fragen sich bestimmt, wo der Preis liegt. Das kann ich Ihnen gleich sagen: Sie bekommen es für x Euro."

Sollte sich bei der Kundenergründung herausstellen, dass der Verkäufer für den Kunden keine optimale Lösung hat, dann ist es selbstverständlich, dass er von jeglichen Verkaufsversuchen absieht. Denn was soll ein Kunde mit einer Lösung, die für ihn nicht optimal ist? Auch wenn es vielleicht für manche Anbieter verlockend ist, dennoch den Auftrag zu ergattern und so den Umsatz „mitzunehmen", sollte sich jeder darüber im Klaren sein, dass diese Vorgehensweise mittelfristig zur Retourkutsche wird.

Wer ist der Entscheider?

Häufig sind die Mitarbeiter des Kundenunternehmens, die anfragen, gar nicht diejenigen, die letztlich über die Auftragserteilung entscheiden. Im schlimmsten Falle legt dann dieser Mitarbeiter seinem Vorgesetzten mehrere eingeholte Angebote vor – und dieser entscheidet sich dann für den Mitbewerber. Darum müssen Verkäufer unbedingt vor der Angebotserstellung mit dem Entscheider sprechen. Wahrscheinlich wird der Anfragende schon am Telefon zum Entscheider verbinden, wenn er dazu aufgefordert wird: *„Danke, dass Sie mir hier schon ein paar Informationen gegeben haben, damit ich Ihnen ein Angebot erstellen kann. Mir ist auch die persönliche Meinung von Ihrem Einkaufsleiter/Geschäftsführer sehr wichtig. Bitte stellen Sie mich kurz zu ihm durch."*

Vor der Angebotspräsentation müssen Verkäufer sich ein möglichst genaues Bild von den Zielen

und Motiven ihrer Kunden machen. Nur so ist die Wahrscheinlichkeit groß, dass aus Sicht des Kunden der Preis zu der Lösung passt.

3.2 Preise präsentieren

Um seinen Preis erfolgreich durchsetzen zu können, muss der Verkäufer die Kaufargumente und Kaufmotive seines Kunden kennen. Nun ist es seine Aufgabe, den Wert seiner Leistung auszubauen, sodass dazu im Verhältnis sein Preis niedrig oder zumindest angemessen erscheint. Entsprechend dem Bild einer Waage – mit dem Preis in der einen und der Leistung in der anderen Waagschale – geht es darum, das „Gewicht" der Leistung zu erhöhen. Je nachdem, ob dies gelingt, entscheidet der Kunde: „Ja, ich kaufe!", oder: „Nein, das ist zu teuer!"

Taktische Empfehlungen
Preise haben viel mit Psychologie zu tun. Darum sollten Anbieter geschickt ihre Preise ins Gespräch einbringen und gezielt die Wahrnehmung des Kunden lenken. Wenn Preiszugeständnisse erforderlich sind, so müssen Kunden spüren, dass diese keine Selbstverständlichkeit sind:
- Für die Preisverhandlung ist zwingend genügend Zeit einzuplanen. Der Versuch, über einen schnellen hohen Rabatt den umgehenden Abschluss herbeizu-

führen, rächt sich schnell. Gibt es vorerst keine Einigung, empfiehlt sich eine Unterbrechung oder Vertagung.
- Es ist besser, absolute Rabatte (z.B. 154 Euro) statt z.B. zehn Prozent Rabatt zu geben, da Kunden sonst leicht in zukünftigen Gesprächen auf Prozentangaben verweisen können („Und was ist mit meinen zehn Prozent Rabatt? Die kriege ich doch wieder, oder?").
- Auch klingen Rabatte auf größere Beträge besser, wenn sie in Geldbeträgen ausgedrückt werden. Statt: „Sie bekommen drei Prozent Nachlass, wenn Sie sofort bar zahlen", sollten Verkäufer also besser sagen: „Sie bekommen 900 Euro Nachlass, wenn Sie sofort bar zahlen."
- Statt von fünf auf zehn Prozent zu gehen, ist es besser, auf 6,5 Prozent zu erhöhen. Das wirkt genauer kalkuliert und glaubwürdiger.
- Setpreise, also mehrere Produkte in einem Paket, können einzelne Preise verschleiern und trotzdem für Kunden attraktiv sein.
- Die Vorteile für den Kunden sind groß bzw. hochzurechnen, also beispielsweise auf ein Jahr oder auf zehn Jahre.
- Kosten sind klein zu rechnen, also z.B. Kosten pro Leser, Stück oder Stunde statt pro Anzeige, Palette oder Monat.
- Bessere Formulierungen für „das kostet" sind „Sie bekommen es für", „Sie erhalten es für" oder „das macht".

- Ebenfalls klingt „Ihre Investition ist" besser als „der Preis ist".
- Mit Wörtern wie „nur" oder „lediglich" können Preise relativiert werden.
- Optisch wirken Angebote besser, wenn der Ursprungspreis neben dem Sonderpreis steht. Motto: „Jetzt nur x Euro statt y Euro!"
- Es kann sinnvoll sein, nicht generell mit dem höchsten Preis anzufangen (weil Runterhandeln meist leichter ist), sondern mit einem niedrigen. Dies ist in der Automobilbranche üblich: Der Wagen selbst wird relativ preiswert vorgestellt – und sobald der Kunde angebissen hat, werden ihm zahlreiche Zusatzausstattungen angeboten und verkauft.
- Bilder, Grafiken und Tabellen tragen dazu bei, dass Kunden leichter den Wert des Angebots erkennen.
- Kunden wählen häufig das mittlere von drei Angeboten aus. Während das eine für sie zu groß, das andere wiederum zu klein ist, scheint das in der Mitte der beste Kompromiss zwischen Preis und Leistung zu sein.
- Preise sollten nur in Ausnahmefällen „nackt" genannt werden. Besser ist es oft, den Preis kundenorientiert zu verpacken: „Sie bekommen x für y Euro. Dadurch sparen Sie deutlich Zeit und senken so Ihre Produktionskosten."
- Nach der Nennung eines Preises sollte versucht werden, das Preisgespräch in Richtung Abschluss zu lenken. Dazu bieten sich Fragen an wie: „Was meinen

Sie, wollen wir dann das Besprochene so machen?", oder: „Reicht es, wenn Sie nächste Woche die Ware bekommen?"

> **Tipp: Keine Leistung ohne Gegenleistung!**
> Wenn es einem Verkäufer nicht gelingt, den kalkulierten Preis durchzusetzen, darf er nicht ohne Gegenleistung(en) ein Preiszugeständnis machen. Möglich sind unter anderem
> - Vorauszahlungen,
> - Referenzen und
> - Empfehlungen.

Über Preisdifferenzen reden

Bietet ein Verkäufer sein Angebot beispielsweise für 10 000 Euro an und sein Mitbewerber für 9000 Euro, dann kommen viele in Argumentationsnöte. Denn sie glauben, sie müssten erklären, warum sie 10 000 Euro verlangen. Doch das brauchen sie gar nicht. Verkäufer müssen nur die Preisdifferenz erklären. In diesem Falle also die 1000 Euro, die ihr Angebot mehr kostet. Denn mental hat der Kunde die 9000 Euro sowieso schon ausgegeben. Nun fragt er sich nur noch, weswegen er auf 10 000 Euro aufrunden sollte.

Verkaufen nicht vergessen

Mit Meinungsfragen wie „Wie denken Sie darüber?" oder „Was halten Sie davon?" kann leicht herausgefunden werden, wie es um den Auftrag bestellt ist. Verkäufer müssen also Kaufsignale provozieren und erkennen:

- Der Kunde nimmt gedanklich schon die Zukunft vorweg und thematisiert mögliche Schwachstellen, beispielsweise: „Was machen Sie, wenn das dann doch nicht funktioniert?", oder: „Kann ich auch in Raten zahlen?"
- Das Verstandene wird vom Kunden zusammengefasst: „Okay, ich habe Sie so verstanden, dass Sie x, y und z machen, wenn ich das nehme. Ist es so?"
- Mit der Frage „Was würden Sie an meiner Stelle tun?" bittet der Kunde um eine klare Empfehlung des Verkäufers. Wenn dieser nun keine klare Kaufempfehlung gibt, wird der Kunde vermutlich nicht kaufen.
- Der Kunde nimmt das Produkt in die Hand.

Preiserhöhungen

Natürlich sind Gespräche über Preiserhöhungen nicht angenehm. Interessanterweise kann man jedoch davon ausgehen, dass eine Preiserhöhung nicht hoch genug ausgefallen ist, wenn dadurch keine Kunden verloren gehen – denn offenbar sind weiterhin alle bereit, den neuen Preis ebenfalls zu zahlen. Man kann also vermuten, dass auch ein noch höherer Preis auf breite Akzeptanz gestoßen wäre.

Es gibt sogar Unternehmen, die es geschafft haben, durch höhere Preise mehr Kunden zu erreichen. Das liegt daran, dass manche Kunden mit dem niedrigen Preis eine geringe Qualität verbunden und somit nicht zugegriffen haben. Erst nach einer deutlichen Preiserhöhung assoziierten sie mit dem Preis eine hohe Qualität und kauften.

Demgegenüber führen deutliche Preisreduzierungen nicht zwangsläufig zu einer Umsatzexplosion. Denn viele verbinden mit der Preisreduzierung auch einen Qualitätsverlust oder denken, dass es sich um ein Auslaufprodukt handelt.

> **Empfehlungen für erfolgreiche Preiserhöhungen:**
> - Es sollten gute, glaubwürdige Argumente für die Preiserhöhung angeführt werden, damit bei den Kunden nicht der Eindruck entsteht, dass sich der Anbieter zu Unrecht auf ihre Kosten bereichern will.
> - Statt von Preiserhöhung kann auch etwas sanfter von „Preiskorrektur", „Preisangleichung", „Preisveränderung" oder „neuen Preisen" gesprochen werden.
> - Preise sind nicht pauschal um x Prozent zu erhöhen, sondern individuell, damit sie genau kalkuliert wirken.
> - Werden einige Angebote auch etwas günstiger, steigert das die Glaubwürdigkeit der neuen Preise.
> - Kunden sollten rechtzeitig informiert werden, damit sie sich auf die neuen Preise einstellen und sich ggf. sogar zu alten Preisen bevorraten können.
> - Der Zeitpunkt für die Korrektur spielt eine entscheidende Rolle (Saison, Jahreswechsel, ...).
> - Wenn Großkunden sich weigern, die neuen Preise zu akzeptieren, dann sollte zuerst versucht werden, den Zeitpunkt der Preiserhöhung zu verschieben. Erst im zweiten Schritt kann die Höhe der neuen Preise noch einmal überdacht werden.

Die Reaktion der Kunden auf Preiserhöhungen ist entscheidend davon abhängig, wie lange die letzte Preiserhöhung zurückliegt, was die neuen Preise kalkulatorisch für sie bedeuten und wie oft überhaupt schon Preiserhöhungen erfolgt sind – und was sich für die Kunden außer dem Preis sonst noch ändert.
Statt die Preise zu erhöhen, können auch Konditionen oder Leistungen heruntergefahren werden. Beispielsweise mithilfe von kleineren Verpackungen oder der Verwendung bzw. Verarbeitung anderer Materialien bzw. Inhaltsstoffe zur Herstellung der Produkte.

Es ist maßgeblich vom Geschick des Verkäufers abhängig, wie leicht der Kunde „seinen" Preis akzeptiert. Kunden müssen spüren, dass Preissenkungen keine Selbstverständlichkeit sind. Darum sollten Verkäufer nicht vorschnell Zugeständnisse machen, sondern dafür Gegenleistungen verlangen.

3.3 Einwände entkräften und Verbindlichkeit aufbauen

Jeder Kunde möchte die Sicherheit haben, dass er sich für die richtige Alternative entschieden hat. Es ist daher ganz normal, dass er darüber nachdenkt, was gegen den Kauf sprechen könnte. Kunden bringen Einwände also nicht vor, um Verkäufer zu ärgern, sondern um

Antworten zu bekommen, aufgrund derer sie die richtige Entscheidung treffen können. Einwände sind nichts anderes als Gesprächsbeiträge.

Darum ist es entscheidend, sich nicht über Einwände zu ärgern, sondern kritische Äußerungen zu entkräften, und zwar mit der inneren Einstellung: „Lieber Kunde, ich mag dich. Wir werden gemeinsam eine Lösung finden." Verkäufer sollten stets souverän und gelassen bleiben und dabei im Hinterkopf behalten, dass Einwände auch häufig Kaufsignale sind. Denn kein Kunde wird sich Gedanken über Dinge machen, die gegen den Kauf sprechen, wenn er an einem Kauf gar nicht interessiert ist.

Wichtig ist, generell Wertschätzung für die Rabattforderung des Kunden entgegenzubringen. Beispielsweise mit Formulierungen wie „Ich kann verstehen, dass Sie einen guten Preis haben wollen" oder „Das habe ich mir gedacht, dass Sie als guter Unternehmer auf Ihr Geld achten – schließlich kann man einen Euro nur einmal ausgeben". Trotzdem sollten Preisnachlassforderungen zunächst mindestens zweimal auf Augenhöhe abgewehrt werden. Beispielsweise mit: „Ich kann verstehen, dass Sie einen guten Preis möchten. Das ist bereits ein guter Preis. Reicht es, wenn Sie Ende der nächsten Woche die Ware bekommen?" Oder: „Sie haben mir gesagt, dass Ihnen A, B und C wichtig sind. Genau das haben wir in dem Angebot berücksichtigt. Darum ist es auch seinen Preis wert. Wollen Sie Alternative X oder Y?"

Praxistipps und Beispielformulierungen

Nachfolgend sind einige Beispielformulierungen aufgeführt, wie zukünftig mit Rabattforderungen umgegangen werden kann. Wichtig dabei ist, dass diese Aussagen nicht eins zu eins übernommen, sondern so umformuliert werden, dass sie zur jeweiligen Persönlichkeit des Verkäufers und des Kunden passen. Ebenfalls ist zu beachten, dass sich einige Sätze eher für die beginnende Preisverhandlung eignen, andere mehr dann, wenn sich die Preisverhandlung schon sehr lange hinzieht. Es kommt aber nicht nur auf Wörter und Sätze an, sondern auch auf die Mimik und die Stimme, auf die Chemie zwischen Verkäufer und Kunde und auf das tatsächliche Interesse beider Seiten an dem Auftrag.

Einwand-/Vorwandunterscheidung

Neben Einwänden gibt es auch Vorwände. Vorwände sind nichts anderes als diplomatische Notlügen. Denn würden Menschen ihren Mitmenschen immer nur die Wahrheit ins Gesicht sagen, dann wären sie vermutlich irgendwann einsam und allein oder schnell entlarvt. Darum klingt beispielsweise die Aussage „Das ist ja viel zu teuer!" wesentlich unverfänglicher als „Wissen Sie was, ich mag Sie nicht, außerdem glaube ich, dass Sie ein ganz windiger Typ sind". In Fällen wie diesen ist klar: Der Verkäufer kann so viel Rabatt geben, wie er will – der Kunde wird nicht kaufen, sondern sich vielmehr mit jedem weiteren Preisnachlass in seinem Vor-

urteil bestärkt fühlen. Vorwände werden beispielsweise genannt, wenn der Kunde
- sein Gesicht wahren möchte,
- besser dastehen will oder
- den Verkäufer nicht verletzen mag.

Um herauszufinden, ob das Preisargument nun ein Vorwand oder ein Einwand ist, bieten sich folgende Formulierungen an:
- *„Gibt es außer dem Preis noch etwas anderes, was Sie vom Kauf abhält?"*
- *„Mal angenommen, wir finden beim Preis eine Lösung, nehmen Sie es dann auch?"*

Einwandvorwegnahme
Viele Verkäufer zögern die Nennung des Preises sehr lange hinaus. Häufig versuchen sie sogar, den Wunsch des Kunden, den Preis zu erfahren, vorläufig abzuwehren, indem sie sagen: „Auf den Preis komme ich gleich noch. Zuvor möchte ich Ihnen aber alle Mehrwerte aufzeigen." Doch ist das wirklich taktisch klug? Wenn zuerst über die Leistungen gesprochen wird und zum Schluss nur noch über den Preis – über was wird dann am Ende gesprochen? Offensichtlich über den Preis! Ist es da nicht besser, von sich aus den Preis oder zumindest eine Preisspanne anzugeben, sobald der Kunde eindeutig Interesse gezeigt hat? So kann nämlich anschließend der Fokus vom Preis weg auf die Mehrwerte gelenkt werden.

Einwandentkräftung durch Geschichten

Viele Verkäufer neigen dazu, im Gespräch sehr rational und sachlich zu argumentieren. Doch gerade Geschichten, die das Gegenüber auch auf emotionaler Ebene ansprechen, können eine große Wirkung entfachen und helfen, Einwände zu entkräften:

„Als ich das erste Mal von dem Preis gehört habe, war ich auch etwas skeptisch. Ich zeigte schon in der letzten Woche anderen Kunden das Angebot, und der zweite hat sofort beherzt zugegriffen. Ehrlich gesagt war ich darüber überrascht und fragte ihn, was er daran so toll findet. Und er erzählte mir dann, dass … Und ich denke, unter diesem Gesichtspunkt ist das Angebot auch für Sie ein Gewinn, oder?"

Schweigen

Nur weil ein Kunde einen günstigeren Preis fordert, muss kein Verkäufer gleich „springen". Schließlich will nicht nur der Verkäufer den Verkaufsabschluss, sondern im Idealfall auch der Kunde. Deshalb muss nicht jeder Rabattwunsch mit einer verbalen Aussage quittiert werden. Es kann auch reichen, auf die Frage des Kunden so lange mit Schweigen zu reagieren, bis dieser erneut etwas sagt. Manche Kunden werden dann einen Rückzieher machen à la: „Man wird ja noch mal fragen dürfen …"

Reaktionen auf „kein Budget!"

Wenn ein Kunde behauptet, dass er kein ausreichendes Budget habe, bedeutet das noch lange nicht, dass er tatsächlich nicht über die entsprechenden finanziellen Mittel verfügt. Einkaufstaktisch wäre es für den Kunden schließlich von Nachteil, das Gespräch mit „Wir haben genug Geld. Was können Sie uns denn anbieten?" zu eröffnen. Darum stellt sich für den Verkäufer immer die Frage, ob er nicht doch mehr Geld hat, als er behauptet, jedoch einfach nicht mehr Geld ausgeben möchte.

Unternehmen, die mit Budgets arbeiten, strapazieren diese oft unterschiedlich stark. Es kann hilfreich sein, gemeinsam mit dem Kunden auch nach anderen Budgets zu forschen. Vielleicht gibt es ja auch Fördermittel der Regierung oder Abschreibungsmöglichkeiten? Liegt ein Angebot über dem Budget des Kunden, kann Ratenzahlung oder Leasing eine attraktive Alternative sein. Es wäre töricht, dem Kunden vorschnell mit einem guten Rabatt entgegenzukommen, nur damit die Leistung in das Budget passt. Denn wollen Kunden wirklich etwas haben, dann finden sie auch immer Mittel und Wege, um es zu finanzieren.

Mit der folgenden provokanten Frage können Verkäufer eruieren, wie ernsthaft der Einwand „kein Budget!" wirklich ist: *„Bedeutet das, dass gewisse sinnvolle Lösungen für Sie unter keinen Umständen infrage kommen, wenn diese außerhalb Ihres Budgets liegen?"*

Reaktionen auf „zu teuer!"

Ein Angebot muss nicht zwangsläufig zu teuer sein, nur weil der Kunde das behauptet. Möglicherweise sind die vorgestellte Lösung und der erwartete Nutzen für den Kunden zu gering und deswegen erscheinen sie im Verhältnis zur Leistung zu teuer. Verkäufer können dann auf folgende Weise reagieren:

- *„Darum sollten Sie auch mit mir zusammenarbeiten."*
- *„Ich habe das Gefühl, dass wir beide gut zusammenpassen. Das Angebot selbst ist auch sehr gut für Sie geeignet. Wenn Sie möchten, können wir gerne mal gemeinsam schauen, welche Dinge wir streichen können, sodass es für Sie immer noch optimal passt. Was meinen Sie, was soll ich rausrechnen?"*
- *„Natürlich kann ich Ihnen beim Preis entgegenkommen. Soll ich Ihnen A oder lieber B aus dem Angebot rausrechnen?"*
- *„Wie kommen Sie darauf?"*
- *„Haben Sie sich einen anderen Auftragsumfang vorgestellt, oder glauben Sie, dass das Angebot seinen Preis nicht wert ist?"*
- *„Wissen Sie, Rabatte geben wir nicht. Wenn, dann geben wir Ersparnisse weiter. Helfen Sie uns beispielsweise durch die Größe der Bestellung Versand- oder Kommissionierungskosten zu sparen, dann geben wir diese Ersparnis gerne an Sie weiter."*
- *„Ist es nicht besser, jetzt lieber etwas mehr zu investieren, um mittelfristig sicherer von der Qualität profitieren zu können und weniger Folgekosten zu haben?"*
- *„Wenn ich Ihnen zeigen kann, dass Sie unser Angebot unterm Strich kein Geld kostet, sondern Geld einbringt, nehmen Sie es dann?"*

- „Unter welchen Bedingungen würden Sie denn den Preis für vollkommen gerechtfertigt halten?"
- „Selbstverständlich bleibt bei diesem Auftrag auch etwas für uns übrig. So können wir nämlich sicherstellen, dass es unser Unternehmen auch noch in zehn Jahren gibt, damit Sie stets einen zuverlässigen Ansprechpartner haben, der entscheidende Innovationen auch weiterhin liefert."
- „Wenn Sie jetzt ein wenig mehr investieren, rechnet es sich mittelfristig für Sie. Schauen Sie hier ..."
- „Was wäre für Sie ein Argument, bei dem Sie sagen würden: ‚Stimmt, das ist seinen Preis wert!'?"
- „Ja, es ist etwas hochpreisiger. Deswegen sitzen wir ja auch zusammen, denn Sie wollen doch etwas sehr Gutes, oder?"
- „Ja, billig sind wir nicht. Billig wäre es, wenn ..."
- „Ja, wir liegen mit unserem Preis etwas höher. Genau darum ist es ja auch so wichtig, dass Sie mit uns Geschäfte machen, denn ..."
- „Ja, auf den ersten Blick erscheint der Preis ein wenig hoch. Ich möchte darum gerne noch einmal zusammenfassen, was Sie dafür alles erhalten."
- „Auf der einen Seite sehe ich auch die Investition von X Euro. Auf der anderen Seite sehe ich die Leistungen A, B und C. Und insbesondere zu C haben Sie mir gesagt, dass Ihnen das besonders wichtig ist. Ist es so?"
- „Über was haben wir noch nicht gesprochen?"

Reaktionen auf „Ihr Mitbewerber ist billiger!"

Einkäufer müssen sich eventuell auch intern rechtfertigen, wenn sie nicht bei dem billigsten, sondern bei einem anderen Anbieter gekauft haben. Darum brauchen sie häufig gute Argumente vom Verkäufer, um sich intern rechtfertigen zu können. Verkäufern helfen hier folgende Formulierungen weiter:

- *„Weswegen haben Sie dann dort noch nicht bestellt?"*
- *„Es mag durchaus sein, dass es günstigere Mitbewerber gibt. Aber das ist der kalkulierte Preis, und die Leistung ist diesen auch wert."*
- *„Unser Mitbewerber ist sein Geld durchaus wert. Mehr allerdings auch nicht. Darf ich Ihnen kurz aufzeigen, was uns entscheidend von diesem abhebt?"*
- *„Jetzt mal Hand aufs Herz: Wir würden uns doch nicht so lange unterhalten, wenn es Ihnen nur um den Preis gehen würde, oder?"*
- *„Natürlich kann ich auch billiger anbieten. Nur dann eignet sich mein Angebot nicht mehr so gut für Sie wie bisher."*
- *„Klar, unsere Mitbewerber sind billiger. Trotzdem haben wir weit über 1000 Kunden. Was meinen Sie, woran liegt das?"*
- *„Oh, das ist interessant. Haben Sie schon herausgefunden, woran die sparen, um solche Preise machen zu können? Denn auch die können ja nicht vom Verschenken leben, oder?"*
- *„Dann sollten Sie unbedingt zu diesem Mitbewerber gehen."*

Verbindlichkeit aufbauen
Bei manchen Verkaufsverhandlungen spüren Verkäufer schnell, dass der Kunde gar kein Interesse an einer Zusammenarbeit hat. Er will nur ein gutes Angebot, um seinen Stammlieferanten beim Preis zu drücken. Bevor also Rabatte gegeben werden, ist Verbindlichkeit aufzubauen, beispielsweise mit der hypothetischen Frage: *„Mal angenommen, wir einigen uns heute beim Preis, machen wir dann auch heute den Auftrag?"*

Wer erfolgreiche Preisverhandlungen führen möchte, sollte Folgendes beachten:
- *Zuerst ist immer herauszufinden, was der Kunde wirklich will – und wozu er es braucht.*
- *Es ist hilfreich, von sich aus souverän den Preis ins Spiel zu bringen. Denn hat der Verkäufer kein Problem mit dem Preis, wird dieser meist auch eher vom Kunden akzeptiert.*
- *Liegt der Preis über dem des Mitbewerbers, dann muss nicht der gesamte Verkaufspreis erklärt werden, sondern nur die Preisdifferenz.*
- *Verkäufer sollten sich gute Formulierungen zurechtlegen, um Einwände und Vorwände auf Augenhöhe zu entkräften.*
- *Vor einem Preiszugeständnis ist immer Verbindlichkeit aufzubauen.*

30 MINUTEN

**Woran scheitern
Preisverhandlungen häufig?**
Seite 68

**Was macht schriftliche Angebote
für den Kunden unwiderstehlich?**
Seite 72

**Wie werden offene Forderungen
souverän eingetrieben?**
Seite 76

4. Nach dem Gespräch

Nach der Preisverhandlung hat der Verkäufer den Auftrag eingeholt – oder auch nicht. Für Misserfolge gibt es viele Ursachen.

Zahlreiche Anbieter schreiben gerne Angebote. Doch wer Angebote schreibt, ohne zu verkaufen, hat vergeblich gearbeitet. Deswegen ist vor der Erstellung von Angeboten stets herauszufinden, ob der Kunde wirklich Interesse hat oder er nur ein Alibi-Angebot für seinen Lieblingslieferanten braucht.

Verkaufen hört erst dann auf, wenn der Kunde bezahlt hat. Obwohl Geld bzw. Umsatz der „Lebenssaft" jeder Unternehmung sind, fordern einige Unternehmen nur sehr defensiv oder aber zumindest ungeschickt ihre offenen Posten ein.

4.1 Wenn der Kunde (noch) nicht kauft

Ist eine Preisverhandlung erfolgreich gewesen, stellt sich nur allzu oft in der Nachkalkulation heraus, dass Aufträge mithilfe von Rabatten „eingekauft" worden sind. Aber Rabatte sind keine Geschenke. Auch wenn Rabatte gegeben werden, muss sich das Geschäft für den Anbieter noch rechnen. Nimmt der Kunde beispielsweise dem Anbieter Arbeit ab, sodass weniger Aufwand für ihn als Lieferanten entsteht, kann dies durchaus mit einem Preisnachlass gewürdigt werden. Handelt dahingegen der Kunde kleinere Mindestbestellmengen oder höhere Rechnungsrabatte aus, ohne dafür Gegenleistungen zu bieten, dann hält dies keiner soliden Nachkalkulation stand.

Scheitern ist keine Schande

Viele Verkäufer sind Meister darin, sich nach einer gescheiterten Preisverhandlung selbst Vorwürfe zu machen. Doch niemand kann alle Kunden zum Kauf bewegen! Außerdem ist es schon eine bemerkenswerte Leistung, überhaupt in den engeren Entscheidungsprozess des Kunden miteinbezogen worden zu sein. Denn selbst das gelingt nicht vielen. Somit machen Verkäufer schon etwas richtig, wenn sie auch nur bis zur Preisverhandlung vorstoßen.

Allein im deutschsprachigen Raum gibt es Millionen von Einzelpersonen, Unternehmern und Familien und somit ebenso viele potenzielle Kunden und immer wieder neue Chancen. Ist ein Verkaufsgespräch gescheitert, sollten sich Verkäufer fragen, was sie zukünftig noch besser machen können, aus ihren Erfahrungen lernen und sich auch mit Gleichgesinnten austauschen.

> **Woran scheitern Preisverhandlungen?**
> Das Scheitern einer Preisverhandlung lässt sich meistens auf einen der folgenden drei Gründe zurückführen:
> - Hat der Kunde trotz guter Rabatte nicht gekauft, kann dies durchaus daran liegen, dass ihm das Einfahren besserer Konditionen zu leicht gelungen ist. Nachlässe bzw. Zugeständnisse dürfen nicht einfach mit einem „Ja, geht in Ordnung" gegeben werden, sondern sind zu inszenieren. Andernfalls hat der Kunde kein Erfolgserlebnis, sondern wird eher misstrauisch, was den Wert des Angebots angeht.
> - Manchmal hat der Verkäufer des Mitbewerbers einfach eine bessere Beziehung zum Kunden und genießt darüber hinaus mehr Vertrauen.
> - Es kann sein, dass der Kunde den entscheidenden Vorteil des Angebots gar nicht verstanden hat und deswegen woanders kaufte – und das nicht einmal zwangsläufig zum niedrigeren Preis!

Wenn am Ende alles offen ist

Preisverhandlung ist zu einem nicht unerheblichen Teil ein Pokerspiel, und so wie ein Verkäufer sich mit Konditionszugeständnissen Zeit lassen darf, kann natürlich der Einkäufer das gleiche Spiel spielen und die Ver-

handlung beenden mit: „Ich möchte jetzt nicht kaufen. Ich höre mir noch ein paar Mitbewerber an." Der Anbieter sollte dann Folgendes beachten:
- Der Verkäufer bittet um ein letztes Wort vor der endgültigen Auftragserteilung und vereinbart am besten gleich einen Folgetermin.
- Selbst wenn die Kalkulation noch etwas Luft für Preiszugeständnisse lässt, dürfen diese jetzt nicht sofort gegeben werden. Besser ist es, auf kleine Geschichten zurückzugreifen, z.B.: *„Ich rede noch mal mit unserem Lieferanten. Möglicherweise kommt er uns ja noch etwas entgegen, sodass ich meinen Preis noch reduzieren kann."*
- Konkretes Nachfragen sorgt für Klarheit. Dabei sollten auch Tabuthemen angesprochen werden*: „Fehlt Ihnen vielleicht die Zuversicht, dass wir das gemeinsam so realisieren können, wie wir das besprochen haben?"*

Lehnt der Kunde vorerst das Angebot ab, hat der Verkäufer auch die Möglichkeit, den Kunden zu bitten, seine momentane Einstellung zum Angebot zum Ausdruck zu bringen, etwa durch folgende Fragen:
- *„Wenn Sie sich jetzt sofort für einen Lieferanten entscheiden müssten, würden Sie sich für uns oder für einen Mitbewerber entscheiden?"*
- *„Auf einer Skala von 1 bis 10, wobei 1 für gar nicht überzeugt und 10 für vollkommen überzeugt steht: Wo sind wir denn jetzt?"*

- „Ich habe ein gutes Gefühl, dass wir zusammenpassen. Wie sehen Sie das?"
- „Was meinen Sie, wenn wir dann beim Preis eine Einigung haben, mit welchem Auftragsvolumen werden wir starten?"
- „Was halten Sie davon, wenn ich Ihnen ein Muster dalasse, welches Sie auf Herz und Nieren prüfen können. Und wenn es Ihnen gefällt, dann setzen wir uns noch mal zusammen. Einverstanden?"

Viele Verkäufer versäumen es, am Ende des Gesprächs konkrete Schritte zu vereinbaren. Dabei ist es wichtig, gemeinsam festzulegen, wie es weitergeht. Auch sind Zusammenfassungen hilfreich, beispielsweise: „Herr X, wir haben jetzt Folgendes besprochen: ..." So wird sichergestellt, dass sich beide Seiten über den Ausgang der Verhandlung und die weiteren Schritte im Klaren sind und sich auch darauf berufen können.

Nicht immer ist der Verkäufer verantwortlich für das Scheitern einer Preisverhandlung. Dennoch kommt es oft vor, dass Verkäufer Chancen ungenutzt lassen. Gerade bei einem offenen Ende der Verhandlung ist es wichtig, den Grundstein für ein weiteres Gespräch zu legen.

4.2 Schriftliche Angebote mit Wirkung

Es ist ganz natürlich, dass Kunden sich für das beste Angebot entscheiden möchten. Dennoch ist es nicht immer erforderlich, ein schriftliches Angebot zu erstellen. Hin und wieder kann auch gleich nach einem guten Gespräch zur Auftragsbestätigung übergegangen werden. Bevor also mit der meist aufwendigen Angebotserstellung begonnen wird, sollte der Verkäufer den Kaufabschluss anstreben – oder aber zumindest die Auftragswahrscheinlichkeit klären. Denn wer ein Angebot schreibt, ohne zu verkaufen, hat vergeblich gearbeitet.

Für den Kunden ist die umgehende Kaufentscheidung meist auch angenehmer: So spart er sich die Zeit, die er für weitere Gespräche mit anderen Verkäufern aufbringen müsste, und kann sich wichtigeren Dingen widmen.

> **Formulierungen, um die umgehende Kaufentscheidung herbeizuführen:**
> - „Wenn Sie möchten, kann ich Ihnen auch gleich hier vor Ort den besten Preis kalkulieren. Dann brauchen Sie nicht auf das Angebot zu warten und können gleich bestellen."
> - „Was halten Sie davon, wenn wir jetzt gleich über Preis und Leistung konkret reden – und Sie bei Gefallen gleich bestellen? Das ist einfacher für Sie und für mich."
> - „Wollen wir das nicht einfach so machen, wie wir das gerade besprochen haben?"

Angebote jenseits des Standards

Gewöhnlich sind schriftliche Angebote sehr unpersönlich und sachlich gestaltet. Teilweise wirken sie sogar so abstrakt, dass selbst manch ein Mitarbeiter des Anbieters die verwendeten Abkürzungen und Bezeichnungen nicht versteht.

Doch im Idealfall sollte ein Kunde beim Lesen des Angebots den Eindruck bekommen: „Ja, die haben mich verstanden. Genau das will ich haben!" Dann würde er wahrscheinlich auch begeistert kaufen. Andernfalls ist die Gefahr groß, dass der Kunde denkt, er würde eventuell einen Fehlkauf tätigen, weil er das Angebot nicht zu 100 Prozent versteht. Für schriftliche Angebote gilt daher Folgendes:

- Im Begleitschreiben oder im Angebot selbst sollten die wesentlichen Wünsche und Ziele des Kunden aufgeführt werden. So bekommt der Kunde die Sicherheit, dass er verstanden worden ist.
- Der beschriebene Lösungsvorschlag selbst sollte vom Kunden eindeutig und leicht nachvollziehbar sein.
- Beiliegende Fotos, Grafiken und Skizzen können zu mehr Verständlichkeit des Angebotstextes beitragen.
- Nicht der Preis sollte optisch, etwa durch Fettdruck, hervorgehoben werden, sondern die entscheidenden Gründe, weswegen die angebotene Lösung und auch das anbietende Unternehmen die richtige Wahl sind.

- Auch die Nennung von Referenzen und Telefonnummern von zufriedenen Kunden geben dem Kunden Sicherheit.
- Besser als „Wir würden uns auf die Auftragserteilung sehr freuen!" ist ein Schlusssatz wie „Um die weitere gemeinsame Vorgehensweise zu besprechen, werde ich mich am 09.11.2015 bei Ihnen melden". Das wirkt verbindlicher und aktiver.
- Hinweise auf bevorstehende Änderungen können den Kunden zum Kauf motivieren, beispielsweise der Hinweis auf die neuen Preise, die kurz nach der Annahmefrist gelten werden.
- Das Versenden von zwei verschiedenen Angebotsalternativen kann dem Kunden die Kaufentscheidung erleichtern, da er so eine Wahlmöglichkeit hat.

> **Tipp: Empfehlungsschreiben für den Angebotsvergleich beilegen!**
> Mit einem Empfehlungsschreiben, das Tipps zum Angebotsvergleich enthält, können Kunden für mögliche Fehlkäufe sensibilisiert werden. Es kann folgende Fragen enthalten:
> - Welche Erfahrungen haben Sie bereits mit dem Anbieter gemacht?
> - Sind insbesondere die Folgekosten für x explizit erklärt?
> - Wie stellt der Anbieter sicher, dass Sie auch garantiert x erreichen?

Systematisch Angebote nachfassen

Viele Anbieter nehmen sich nicht die Zeit, ihre erstellten Angebote nachzufassen. Andere wollen ihre Angebote gar nicht nachfassen, weil sie fürchten, dadurch zu aufdringlich zu erscheinen. Das ist schade, denn die Angebotserstellung kostet Zeit und Geld. Außerdem kann man davon ausgehen, dass Kunden auch Interesse am Angebot haben, wenn sie dieses einfordern.

Wenn sich Verkäufer zu passiv verhalten, kann es passieren, dass nicht der bessere Anbieter den Zuschlag erhält, sondern der aktivere. Angesichts der Tatsache, dass Verkäufer mit der Angebotserstellung und teilweise auch mit einer Beratung in Vorleistung gegangen sind, haben sie ein Recht darauf, zu erfahren, wie es denn nun weitergeht.

Wann aber ist der Zeitpunkt gekommen, Angebote nachzufassen? Hier gilt der Grundsatz: besser zu früh als zu spät! Folgende Formulierungen können beim Nachfassen genutzt werden:

- *„Was halten Sie von dem Angebot?"*
- *„Ich habe Ihnen ein Angebot geschickt. Was halten Sie davon, wenn wir das so umsetzen?"*
- *„Wie wollen wir denn jetzt weitermachen?"*

Das Angebotsmanagement ist sehr gut zu organisieren. Allen Beteiligten muss bewusst sein, dass nicht die versendeten Angebote zählen, sondern die zustande gekommenen Verkaufsabschlüsse. Damit sich der Kunde leichter entscheiden kann, müssen Angebote aus Kundensicht verständlich und schlüssig sein.

4.3 Inkasso offener Rechnungen

Für viele Anbieter sind offene Rechnungen ein sehr unangenehmes Thema. Sie trauen sich nur selten, kurz nach Fälligkeit direkt den telefonischen oder persönlichen Kontakt mit dem säumigen Kunden zu suchen – lieber schicken viele erst einmal schriftliche Mahnungen. Selbst wenn in der Mahnung bereits rechtliche Konsequenzen angedroht werden, suchen sie noch immer nicht das persönliche Gespräch. Manch einer wird vielleicht einwenden, dass es nun Aufgabe des Kunden sei, sich zu melden – schließlich sei dieser ja auch vertragsbrüchig. Anbieter machen es sich jedoch zu einfach, wenn sie ausschließlich auf die Reaktion des Schuldners warten und nach drei verschickten Mahnungen ein gerichtliches Verfahren eröffnen. Denn es wäre ein Zeichen von Wertschätzung und Professionalität, auch in unangenehmen Situationen auf Kunden zuzugehen, um ihnen bei der Lösungsfindung zu helfen.

Anbieter können nur von den Kunden „leben", die auch ihre Rechnungen bezahlen. Wer aber gegenüber Kunden mit schlechter Zahlungsmoral generell hart und konsequent vorgeht und dabei gänzlich vom persönlichen Gespräch absieht, kann schnell den einen oder anderen guten Kunden für immer verlieren. Denn auch gute Kunden können vorübergehend Liquiditätsschwierigkeiten haben, und sobald es diesen Unternehmen wieder besser geht, zeigen sie sich meist gegenüber den Lieferanten besonders treu, die auch in schwierigen Zeiten zu ihnen gehalten haben. Eines darf niemals vergessen werden: Es sind nicht Unternehmen, die (nicht) zahlen, sondern Menschen.

> **Vorsorge ist besser als Nachsorge:**
> Auf folgende Art können langwierige Konflikte von vornherein vermieden werden:
> - Rechnungen sollten umgehend gestellt werden, damit der Vorgang allen Beteiligten noch präsent ist.
> - Offene Rechnungen sind zeitnah anzumahnen. Am besten ist ein klarer genereller Mahnlauf definiert.
> - Im Zweifelsfall ist eine Bonitätsauskunft bei Neukunden vor dem ersten Auftrag einzuholen.
> - Kaufverträge sind möglichst schriftlich zu machen, oder die wesentlichen Punkte sollten zumindest schriftlich bestätigt werden.

Empfehlungen für das Mahnwesen

Fälliges Geld ist einzutreiben, egal von wem. Schließlich wurde eine Leistung erbracht. Niemand kann es sich erlauben, dass sich irgendwann herumspricht, er ginge mit schlecht oder gar nicht zahlenden Kunden nachlässig und inkonsequent um.

Das Gesetz schreibt nicht vor, wie viele Mahnungen zu verschicken sind. Um eine Forderung gerichtlich eintreiben zu können, muss der Betrag jedoch eindeutig fällig sein. Ein explizites Zahlungsziel, beispielsweise durch einen Satz wie „Bitte zahlen Sie den Rechnungsendbetrag bis zum 31.08.2015", reicht aus, da so die Fälligkeit eindeutig kalendermäßig bestimmbar ist. Formulierungen wie „Zahlbar sofort" oder „Zahlen Sie bitte innerhalb von 14 Tagen" sind dagegen nicht eindeutig bestimmbar – und bedürfen somit der schriftlichen Inverzugsetzung mittels Mahnung.

Viele Kunden, die nicht zahlen, versäumen dies unbeabsichtigt. Sie sind vielleicht schlecht organisiert und haben einfach die Zahlung vergessen. Wer dann gleich mit einer schriftlichen Mahnung kommt, wirkt schnell etwas forsch. Eine freundliche schriftliche Erinnerung wäre hier wesentlich angebrachter. Sollte hierauf noch keine Zahlung oder anderweitige Reaktion erfolgen, ist ein Telefonat häufig aufschlussreich.

Verbindlich vorgehen

Kunden müssen spüren, dass dem Anbieter die Zahlung des offenen Betrages wichtig ist. Sollten sie nur einen Hauch von Gleichgültigkeit wahrnehmen, dann werden sie der Zahlung keine hohe Priorität beimessen – und im Zweifelsfall andere Gläubiger, die deutlicher auf eine Zahlung drängen oder für sie wichtiger sind, bevorzugen.

Verkäufer müssen ihre maximalen Befugnisse und Möglichkeiten kennen und innerhalb dieser Bandbreite im Gespräch eine Lösung finden. Sie dürfen keine falschen Hoffnungen machen, da sie dadurch später nicht nur den Schuldner enttäuschen und internen Kollegen Zeit rauben werden, sondern darüber hinaus auch wertvolle Tage verstreichen lassen. Denn wer weiß, ob der Kunde nicht vielleicht in wenigen Tagen vollkommen zahlungsunfähig ist? Beim Eintreiben von Forderungen kann nämlich jeder Tag zählen.

Verkäufer müssen sich auf Inkassogespräche vorbereiten und sich in den Gesprächen taktisch klug verhalten, indem sie

- unmittelbar vor dem Gespräch herausfinden, ob der Betrag noch offen ist,
- Rechnungskopien und Lieferscheine mitbringen,
- sich Notizen beim Kunden machen, damit dieser sieht, dass er beim Wort genommen wird,
- sich nicht vom Kunden einlullen lassen, sondern die Gesprächsführung behalten, und
- Fragen stellen wie „Welche Zahlungsalternativen können angeboten werden?" oder „Kann verkaufsfähige Ware zur Gutschrift abgeholt werden?".

Formulierungstipps für Inkassogespräche

Die Enttäuschung über nicht fristgemäße Zahlungen ist häufig groß. Trotzdem sollte in persönlichen oder telefonischen Gesprächen Professionalität, Freundlichkeit und Verbindlichkeit im Vordergrund stehen. Die gedankliche Grundeinstellung gegenüber dem Kunden sollte weiterhin „Ich mag dich!" lauten. Das hilft hier weiter, um sich nicht im Ton zu vergreifen.

- Das Thema kann diplomatisch angesprochen werden mit: *„In meiner Vertreterpost war eine Kopie von einer Mahnung. Was soll ich der Buchhaltung sagen, damit sie da einen Haken dran machen kann?"*
- Der Kunde sollte immer zuerst Lösungsvorschläge unterbreiten, da er sich mit seinen eigenen Ideen stärker identifizieren kann. So kann er auch später besser in die Pflicht genommen werden.
- Wenn der Kunde verspricht, dass er „versuchen" wird, bald zu zahlen, muss nachgehakt werden: *„Ich möchte nicht, dass Sie es versuchen, sondern dass Sie zahlen. Bis wann werden Sie zahlen?"*
- Bildhafte Formulierungen können helfen: *„Wenn Sie nicht bis zu diesem Datum zahlen, dann setzen sich Räder in Bewegung, die ich leider nicht mehr aufhalten kann."*

Umgang mit „klammen" Kunden

Selbst wenn Kunden mit Zahlungsschwierigkeiten viel Zeit und Mühe kosten, kann unter Umständen eine weitere Betreuung und Belieferung sinnvoll sein. Schließlich machen auch diese Kunden Umsatz und brauchen Ware. Wenn sie diese nicht von ihrem bisherigen Lieferanten beziehen, dann zwangsläufig von einem anderen.

Mittel, um zahlungsschwache Kunden an das Unternehmen zu binden, sind
- Vorkasse,
- Nachnahme,

- Lieferung in kleineren Einheiten und
- Bankeinzug (nicht jeder, der nicht zahlt, hat kein Geld auf dem Konto ...).

Sollte es ein sehr guter Kunde sein, der mit Sicherheit (!) nur vorübergehend über zu wenige liquide Mittel verfügt, kann ihm mit einem Vorabbonus geholfen werden. Wird beispielsweise ein eigentlich erst später fälliger Jahresbonus auf die bisherigen Umsätze anteilig ausgeschüttet, können damit offene Beträge ausgebucht werden. Solche Strategien müssen selbstverständlich die Ausnahme bleiben. Aber um zu verhindern, dass ein Großkunde zum Mitbewerber wechselt, weil er seine Kreditlinie für wenige Wochen überschreitet und somit keine Ware mehr bekommt, kann dies ein eleganter Ausweg sein.

Wenn der Kunde gar nicht zahlt

Irgendwann müssen Anbieter auch einen Schlussstrich unter ihre persönlichen Bemühungen ziehen. Schließlich kosten nicht zahlende Kunden auch viel Zeit und Energie. Inkassobüros und Rechtsanwälte übernehmen solche Aufträge gerne. Forderungen können aber auch an spezielle Dienstleister weiterverkauft werden.

Gerichtliche Mahnverfahren kann jeder auch selbst einleiten. Auf der Webseite www.online-mahnantrag.de stehen entsprechende Formulare zur Verfügung. Die Webseite www.inkasso.de listet zahlreiche Inkassounternehmen auf.

Niemand muss ein schlechtes Gewissen haben, nur weil er säumigen Kunden nach einer angemessenen Zeit Anwälte oder Inkassounternehmen „auf den Hals hetzt". Schließlich können schlecht zahlende Kunden den Fortbestand des eigenen Unternehmens gefährden. Übrigens: Endgültig verkauft sind die Preise erst dann, wenn der Kunde die Leistung bezahlt hat!

Die Arbeit eines Verkäufers ist nach dem Preisgespräch noch nicht beendet, denn es gilt: „Nach dem Gespräch ist vor dem Gespräch."

- *Nach jedem Verkaufsgespräch sollten Verkäufer kurz reflektieren: Was war gut? Was war weniger gut?*
- *Häufig „kaufen" Verkäufer Aufträge mit hohen Rabatten ein. Doch Unternehmen können nur von dem leben, was unterm Strich übrig bleibt.*
- *Bei schriftlichen Angeboten ist es wichtig, dass diese für Kunden eindeutig und verständlich sind.*
- *Selbst wenn offene Rechnungen ein unangenehmes Thema sind, müssen ausstehende Forderungen dennoch angesprochen werden.*
- *Kunden mit dauerhaft schlechter Zahlungsmoral sollten an den Mitbewerber weitergegeben werden.*

Sieben Erfolgsregeln für das Durchsetzen von Preisen

1. Was will oder braucht der Kunde?
Finden Sie genau heraus, was der Kunde will und braucht. Nur so können Sie ihm ein Angebot machen, das optimal zu ihm passt – und seinen Preis wert ist. Hinterfragen Sie auch seine Wünsche und Ziele. Wenn Sie sich ernsthaft für Ihren Kunden und seine Herausforderungen interessieren, wird er automatisch Sympathie für Sie entwickeln. Bieten Sie Ihrem Kunden nicht aus falscher Bescheidenheit die billigste Lösung an, sondern die für ihn beste. Bringen Sie von sich aus souverän den Preis ins Spiel. So signalisieren Sie zum einen Ihrem Gesprächspartner, dass Ihr Preis das Natürlichste der Welt ist (weil er Ihnen diesen nicht „aus der Nase ziehen" muss), zum anderen erfahren Sie so viel über seine Preisbereitschaft.

2. Warum sind Sie der richtige Anbieter?
Kunden haben häufig die Wahl zwischen mehreren Anbietern. Da es Ihre Aufgabe als Verkäufer ist, nicht über den Preis zu verkaufen, sondern über die angebotene Leistung, müssen Sie Ihrem Kunden vermitteln, warum Ihr Unternehmen der richtige Anbieter für ihn ist. Kunden fragen sich immer, was ihnen ein Kauf bringen würde. Diese Frage sprechen sie allerdings nur selten

aus. Wenn Sie als Anbieter den Kundennutzen und den Mehrwert des Angebots nicht klar aufzeigen, sinkt die Wahrscheinlichkeit, dass der Kunde sich für Sie entscheiden wird. Darum ist es auch wichtig, dass Sie sich Ihr Angebot zunächst selbst verkauft haben, bevor Sie versuchen, es Kunden zu verkaufen. Denn sollten Sie selbst nicht einmal wissen, warum es sich lohnt, Ihr Kunde zu werden – wie wollen Sie dann Ihren Gesprächspartner überzeugen, geschweige denn ihm erklären, warum Ihr Preis angemessen ist?

3. Wie beweisen Sie Ihre Kompetenz?

Kunden sind gerne dazu bereit, mehr Geld zu bezahlen, wenn sie die Sicherheit haben, dass das Angebot seinen Preis wert ist. Doch dazu reichen bloße Beteuerungen, dass die Qualität gut ist und das Unternehmen seriös arbeitet, meist nicht aus. Kunden brauchen Beweise, wie Referenzen und Auszeichnungen. Erzählen Sie auch Erfolgsgeschichten von anderen zufriedenen Kunden. Denn es ist immer besser, sich auf Dritte zu berufen, um die eigenen Leistungen zu loben, als dies direkt auszusprechen. Denken Sie auch an die Macht des ersten Eindrucks. Achten Sie deshalb auf Ihre Kleidung und angemessene Umgangsformen.

4. Wie kommunizieren Sie den Preis?

Stimmt die Gegenleistung, wird der Preis zur Nebensache. Dennoch müssen Sie aufpassen, dass Sie dem Kunden nicht versehentlich Ihren Preis zu hart „um die

Ohren hauen", denn sonst bekommt dieser einen Preisschock. Verpacken Sie den Preis mit den richtigen Worten. Verdeutlichen Sie Ihrem Kunden die Sinnhaftigkeit seiner Investition durch Beispielrechnungen. Rechnen Sie seine Kosten klein und seine Erlöse groß, damit er Ihrem Angebot leichter zustimmen kann.

5. Welche Einwände können kommen?
Es ist ganz normal, dass der Kunde im Rahmen seiner Kaufüberlegung auch darüber nachdenkt, was gegen den Kauf sprechen könnte. Auch wird er eventuell seinen Kollegen Rechenschaft über die Investition ablegen müssen. Deshalb müssen Sie damit rechnen, dass Einwände wie „Zu teuer!", „Der Mitbewerber ist billiger!" oder „Kein Budget!" im Laufe der Verhandlung zur Sprache kommen. Wenn Sie nun hierauf keine Antworten parat haben, die sowohl zu Ihnen, zum Kunden als auch zu der gesamten Situation optimal passen, dann erschweren Sie unnötig die Kaufentscheidung des Kunden. Planung ist die geistige Vorwegnahme der Zukunft. Bereiten Sie sich auf Einwände vor, die mit großer Wahrscheinlichkeit kommen werden.

6. Wie sorgen Sie für Fortschritte?
Lassen Sie sich von Kunden nicht austricksen. Viele Einkäufer sind Profis, wenn es darum geht, um gute Konditionen und Rabatte zu feilschen. Bauen Sie vor eventuellen Zugeständnissen Verbindlichkeit auf, damit der Kunde nicht eine Forderung nach der anderen stellt.

Zuvor haben Sie aber mindestens zweimal auf Augenhöhe die Rabattforderung abgewehrt, zum einen, weil viele Kunden dann schon den angebotenen Preis akzeptieren werden, zum anderen, weil so der hartnäckige Einkäufer auch ein Erfolgserlebnis hat, wenn Sie ihm schließlich doch entgegenkommen. Machen Sie den Abschluss oder halten zumindest den Fuß in der Tür, bevor das Gespräch beendet wird.

7. Wie sollten Angebote gestaltet sein?

Sitzen Kunden allein am Schreibtisch und führen einen Angebotsvergleich durch, so haben sie die Qual der Wahl. Weil leider immer noch viele Unternehmen in ihren schriftlichen Angeboten ausschließlich den Preis deutlich hervorheben, fällt meistens genau darauf der Blick. Doch der billigste Preis kann schnell zum Bumerang werden. Schützen Sie somit Ihre Kunden vor möglichen Fehlkäufen, indem Sie in Ihren Angeboten nicht den Preis hervorheben, sondern Ihre Stärken.

Gestalten Sie das Angebot so, dass der Kunde es ohne Mühe verstehen kann. Dadurch beweisen Sie Kompetenz und erleichtern es dem Kunden, in Ihnen den für ihn richtigen Anbieter zu erkennen.

Denken Sie aber auch daran, ein professionelles Angebotsmanagement zu betreiben. Dazu gehört die rechtzeitige Wiedervorlage, um das Eisen zu schmieden, solange es heiß ist.

Fast Reader

1. Preise – alles Emotion?

Viele Verkäufer sind auf Preisverhandlungen schlecht vorbereitet. Häufig improvisieren sie, wenn der Kunde sie auf ihre Preise anspricht. Anbieter, die schon sehr oft gehört haben, dass sie zu teuer seien, fürchten sich auch manchmal vor Preisverhandlungen. Die Folgen sind, dass sie der Forderung der Kunden zu wenig Wertschätzung entgegenbringen und zugleich vorschnell Rabatte geben, um „endlich" den Auftrag zu bekommen.
Aber auch Kunden wissen, dass Verkäufer im Zweifelsfall zuerst an ihr eigenes Geld denken und erst dann an den Kunden. Schließlich werden Verkäufer dafür bezahlt, dass sie Aufträge an Land ziehen. Kunden fehlt deshalb häufig die Sicherheit, dass das Angebot wirklich sein Geld wert ist. Darüber hinaus bereitet es ihnen durchaus Freude, erfolgreich Preise auszuhandeln.
Verkäufer sollten sich immer bewusst machen,

dass schon wenige Prozente Ersparnis beim Einkauf oder höhere Spannen beim Verkauf dramatische Auswirkungen auf den Gewinn haben können. Deswegen ist Professionalität bei Preisverhandlungen auf beiden Seiten zwingend erforderlich.

Um souverän Preisverhandlungen führen zu können, sind folgende Punkte zu berücksichtigen:
- *Verkäufer müssen zu ihren Preisen stehen und erklären können, weshalb sie ihren Preis wert sind.*
- *Dass Einkäufer nach besseren Konditionen fragen, ist normal, denn es ist ihre Aufgabe.*
- *Um ihre Einkaufsziele zu erreichen, nutzen auch Kunden psychologische Tricks.*
- *Preiskompetenz hilft, vor Ort flexibel reagieren zu können. Aber die Gefahr ist groß, dass Verkäufer vorschnell zu viel Rabatt geben, um die Beziehung zum Kunden zu pflegen.*
- *Verkäufer sollten sicher kalkulieren können, um den richtigen Einkaufspreis zu ermitteln.*

2. Gesprächsvorbereitung

Schon vor dem Gespräch hat der Interessent eine Vorstellung davon, wo der Angebotspreis vermutlich liegen wird. Dieses Preisgefühl basiert auf

vergangenen Erfahrungen und dem Image des Anbieters und seiner Mitbewerber.
Mit einer guten Vorbereitung können Verkäufer sicherstellen, dass sie ihren Gesprächspartnern das Gefühl geben, verstanden zu werden – und die richtige Lösung gefunden zu haben.

Folgende Empfehlungen sollten Verkäufer bei der Vorbereitung von Preisverhandlungen beachten:
- **Verkäufer müssen sich immer wieder darüber Gedanken machen, wie sie ihre Preiswürdigkeit Kunden und Interessenten beweisen können.**
- **Mithilfe von Preisdifferenzierungen ist es möglich, das gleiche Angebot zu unterschiedlichen Preisen verschiedenen Zielgruppen anzubieten.**
- **Angebote sind nur dann gut, wenn der Kunde sie auch gut findet.**
- **Der Nutzen muss vom Kunden klar erkannt werden können.**
- **Die mentale Fitness des Verkäufers trägt entscheidend dazu bei, dass Kunden beim Kaufen Spaß haben und dennoch keine zu hohen Rabatte aushandeln.**
- **Verkäufer haben nicht nur die Aufgabe, Bedürfnisse zu erfüllen, sie müssen diese auch wecken.**
- **Kunden, die komplett andere Preisvorstellungen haben, sind zu vernachlässigen.**

3. Preisgespräche

Es ist nicht der Preis, der zählt, sondern die Gegenleistung. Manchmal hat der Kunde eine andere Vorstellung – vielleicht vom Preis, möglicherweise aber auch vom Lösungsweg. Verkäufer müssen mit guten Fragen exakt herausfinden, was der Kunde aus welchen Gründen will. So sind sie in der Lage, ihren Preis auf Augenhöhe durchzusetzen. Denn Kunden wägen immer zwischen Nutzen und Investition ab.

Der Erfolg von Preisverhandlungen hängt von der Argumentationsstärke und Schlagfertigkeit des Verkäufers ab:
- *Auf gängige Einwände wie „Zu teuer!", „Der Mitbewerber ist billiger!" oder „Kein Budget!" muss sich der Verkäufer vorbereiten.*
- *Kunden bringen Einwände nicht vor, um den Verkäufer zu ärgern. Sie wollen vielmehr die Sicherheit haben, dass das Angebot seinen Preis wert ist.*
- *Will der Verkäufer neue Preise mit dem Kunden vereinbaren, sollte er sich gute Argumente zurechtlegen, damit er glaubwürdig bleibt.*

4. Nach dem Gespräch

Häufig hetzen Verkäufer von Verkaufsgespräch zu Verkaufsgespräch, statt sich darüber Gedanken zu machen, wie sie besser werden können. Schließlich ist es manchmal absehbar, dass gewisse Kunden nie kaufen werden – und somit den Anbieter nur wertvolle Zeit kosten.

Um produktiver und ertragsreicher zu verkaufen, sollten folgende Punkte beachtet werden:
- *Rabatte dürfen nur dann gegeben werden, wenn der Kunde ebenfalls Zugeständnisse macht. Andernfalls kann die Nachkalkulation schnell ein Verlustgeschäft ausweisen.*
- *Kommt nach der Verhandlung kein Auftrag zustande, dann liegt das häufig daran, dass die Beziehung zum Kunden nicht ausreichend gefestigt ist. Denn Vertrauen ist ein Hauptgrund für die Auftragsvergabe.*
- *Wollen sich Kunden nach der Preisverhandlung noch nicht entscheiden, dann ist es wichtig, den Fuß in der Tür zu behalten.*
- *Schriftliche Angebote erzielen dann die beste Wirkung, wenn der Kunde sie mühelos versteht und seine Vorstellungen darin wiederfindet, sodass er eigentlich nur noch „Ja" sagen muss.*
- *Es darf nicht vergessen werden, offene Angebote nachzufassen.*

- *Schuldet ein Kunde dem Anbieter Geld, so sollte im Sinne einer guten Kundenbeziehung gehandelt werden. Es ist sinnvoll, zuerst das persönliche Gespräch zu suchen oder alternativ eine freundliche Erinnerung statt einer klassischen Mahnung zu schicken.*

Der Autor

Oliver Schumacher ist Experte für Verkaufserfolge. Der fünffache Buchautor liefert inspirierende Vorträge, praxisnahe Trainings und motivierende Verkaufsbegleitungen. Er zeigt auf, wie Verkäufer produktiver, verbindlicher und professioneller Kundenbeziehungen gestalten und entwickeln können. Zuvor arbeitete er zehn Jahre als überdurchschnittlich erfolgreicher Verkäufer im Außendienst für die Markenartikelindustrie. Schumacher studierte Kommunikation und Rhetorik (M.A.) und ist Diplom-Betriebswirt (FH).

Kontakt:
Oliver Schumacher
Experte für Verkaufserfolge
Katharinenstraße 3
49809 Lingen (Ems)

Büro: (05 91) 6 10 44 16
E-Mail: info@oliver-schumacher.de
www.oliver-schumacher.de

Auf der Webseite www.verkäuferhörspiel.de bietet der Autor gratis Tipps zum Thema Verkaufen im Hörspielformat an.

Weiterführende Literatur

- Geffroy, Edgar K.: Das große Geffroy Top-Verkäufer-Handbuch: Die 1000 Antworten für verkäuferischen Erfolg. Frankfurt a. M.: Campus, 2008

- Jantzen, Gerhard: Don´t tell, sell! ... und wie Sie den Auftrag doch noch bekommen. Wirksame Strategien gegen Killerargumente des Kunden. Paderborn: Junfermann, 2009

- Kotler, Philip; Keller, Kevin Lane; Bliemel, Friedhelm: Marketing-Management: Strategien für wertschaffendes Handeln, 12. akt. Auflage. Hallbergmoos: Addison-Wesley, 2007

- Linneweh, Klaus: Stresskompetenz: Der erfolgreiche Umgang mit Belastungssituationen in Beruf und Alltag. Weinheim: Beltz, 2002

- Saxer, Umberto: Einwand-frei verkaufen: 21 Techniken, um alle Einwände wirksam und flexibel zu behandeln, 3. überarb. Auflage. München: Redline, 2009

- Schön, Holger: Mit professioneller Einwandperformance besser verkaufen – So begegnen Sie Kundeneinwänden kompetent und gelassen. Wiesbaden: Springer Gabler, 2013

- Schumacher, Oliver: Schluss mit halben Sachen im Verkauf – So handeln Top-Verkäufer. Göttingen: BusinessVillage, 2012

- Schumacher, Oliver: Verkaufen auf Augenhöhe – Wertschätzend kommunizieren und Kunden nachhaltig überzeugen – ein Workbook, 2. Auflage. Wiesbaden: Springer Gabler, 2013

- Schumacher, Oliver: Verkaufen in der Beauty-Branche – Tipps und Ideen für Friseure, Kosmetiker, Podologen und andere Dienstleister. Gaggenau: Top Hair, 2012

- Schumacher, Oliver: Was viele Verkäufer nicht zu fragen wagen – 100 Tipps für bessere Verkaufsresultate im Außendienst, 2. überarb. Auflage. Wiesbaden: Springer Gabler, 2013

- Schumacher, Oliver: Wer auffallen will, muss neue Wege gehen, in: Impulse für Trainermarketing – 15 Impulse, Tools und Tipps für Trainer, Berater, Coachs. Offenbach: Jünger Medien, 2014

- Simon, Hermann: Preisheiten: Alles, was Sie über Preise wissen müssen. Frankfurt a. M.: Campus, 2013

- Simon, Hermann/Fassnacht, Martin: Preismanagement: Strategie – Analyse – Entscheidung – Umsetzung, 3. vollst. überarb. Auflage. Wiesbaden: Springer Gabler, 2008

Register

Angebot, schriftlich 13, 34, 72f., 82, 86, 91
Ängste 6, 13, 15, 17

Barrabatt 25, 27, 38
Bedarfsanalyse 46
Bedürfnisse 41, 89

Einwände 56-61, 65, 85, 90

Gegenleistung 53, 56, 68, 84, 90
Gewinntreiber 21

Inkasso 7, 76, 79, 81f.

Kaufsignal 53, 57
Konditionen 14, 25ff., 38, 56, 69, 85, 88
Kundenergründung 7, 47ff.

Leistungsvergleich 20

Mentale Fitness 39
Mindestanforderungen 17

Nachkalkulation 68, 91
Naturalrabatt 25, 27
Neukundengewinnung 13

Nutzen 21, 24, 32, 35-38, 43, 45, 62, 89, 90

Preisdifferenz 53, 65
Preisdifferenzierung 33, 89
Preisempfinden 30
Preiserhöhung 54ff.
Preiskompetenz 23f., 88
Preispsychologie 33, 50
Preisreduzierung 55

Qualitätsanmutung 30

Schweigen 15, 60
Spielchen der Einkäufer 18
Sympathie 18, 20, 39, 83

Taktik 50, 59, 61, 79

Verbindlichkeit 18, 56, 65, 79, 85
Verkaufspreis 6, 21f., 32, 36, 65
Vorbereitung 7, 29, 38, 43, 88f.
Vorwand 20, 58f., 65

Ziele 9, 35f., 41, 46, 49, 73, 83